教育部人文社会科学研究青年基金项目"类型学视野下的汉语标句词及句法理论问题研究（14YJC740079）"资助

中国语情与社会发展研究中心学术文库

标句词理论与
汉语标句词系统

田 源◎著

中国社会科学出版社

图书在版编目(CIP)数据

标句词理论与汉语标句词系统 / 田源著. —北京：中国社会科学
出版社，2017. 11 （2019. 1 重印）
ISBN 978-7-5203-1503-6

Ⅰ.①标⋯ Ⅱ.①田⋯ Ⅲ.①汉语-句法-研究 Ⅳ.①H146.3

中国版本图书馆 CIP 数据核字 (2017) 第 280165 号

出 版 人	赵剑英
责任编辑	任　明
责任校对	周　昊
责任印制	李寡寡

出　　版	中国社会科学出版社
社　　址	北京鼓楼西大街甲 158 号
邮　　编	100720
网　　址	http：//www.csspw.cn
发 行 部	010-84083685
门 市 部	010-84029450
经　　销	新华书店及其他书店

印刷装订	北京君升印刷有限公司
版　　次	2017 年 11 月第 1 版
印　　次	2019 年 1 月第 2 次印刷

开　　本	710×1000　1/16
印　　张	13.5
插　　页	2
字　　数	225 千字
定　　价	75.00 元

凡购买中国社会科学出版社图书，如有质量问题请与本社营销中心联系调换
电话：010-84083683

目　录

第一章

绪　　论

一　研究对象与目标

（一）词汇语类与功能语类

生成语法中用"语类（grammatical category）"概念来对不同的语法单位进行分类，语类是句法类（syntactic category）或语法类（grammatical category）的简称，根据不同的语法特征，可以大致划分为十个不同的语类：名词、动词、形容词、副词、介词、限定词、代词、助动词、标句词和连词。以是否具有词汇意义和是否属于开放性语类等为标准，这十个语类分别归属词汇语类（content category）和功能语类（function category）两大类别。

表一

	词汇意义	开放性	与题元角色有无关系	有无反义词
词汇语类	+	+	+	±
功能语类	−	−	−	−

词汇语类在句中主要表示词汇意义，一般属于开放性语类，与题元角色存在直接或间接的关系，有些词汇语类可能有反义词（徐杰 2007），主要包括名词、动词、形容词、副词和介词等；而功能语类则主要表示语法意义，都属于封闭性语类，与题元角色毫无关系，很少有反义词，包括限定词（Determiner）、代词（Pronoun）、助动词（Auxiliary）、附着词（Particle，包括标句词（Complementizer）和屈折形态（Inflection））等。

（二）虚词与功能语类的对应关系

传统语法在谈及词类概念时，首先把词分为实词和虚词两个基本类型，这两大类型在某些方面表现出了完全相反的语法特征，如能否充当句子成分、是否具有实在的词汇意义、能否单独成句、句法位置是否固定、是否具有开放性或封闭性、彼此是否可以相互组合等等（朱德熙 1982，邢福义 1996，徐杰 2007）。

　　生成语法将语类分为词汇语类和功能语类两大类，但其功能语类与传统语法的虚词并非完全等同，其成员并非完全一致。徐杰（2007）对二者之间的交叉对应关系进行了深入的比较研究，对应传统语法中的词类来看，"词类" 和生成语法的 "语类" 之间存在着复杂的交叉对应关系，如下表所示（徐杰 2007）：

表二①

	传统语法	生成语法	备注
名词	实词	词汇语类	
动词	实词	词汇语类	
形容词	实词	词汇语类	
代词	实词	功能语类	
介词	虚词	词汇语类	
助动词		功能语类	传统语法一般把助动词（或曰情态动词）当作动词的一个小类看待
限定词		功能语类	传统的语法分析不把生成语法所说的限定词和附着词当作个别具体词类来对待
附着词		功能语类	

　　从上表可以看出，实词与词汇语类、虚词与功能语类之间并非一一对应，而是存在以下差异：

　　一是代词在传统语法中属于实词，在生成语法中归入功能语类；

　　二是介词在传统语法中属于虚词，在生成语法中归入词汇语类；

　　三是助动词在传统语法中归属于动词下的一个小类，而在生成语法中则是功能语类中的组成部分；

　　四是限定词和附着词在传统语法中并非属于独立的词类，并未对其进行相关的严格界定，而其在生成语法中则是功能语类的重要成员。

　　就本书所关注的标句词来说，它是生成语法的独创，在传统语法中并未有独立的词类与其相对应，但就我们所观察到的标句词现象及相关使用情况来说，充当标句词的成分多是虚词或由实词语法化发展而来的虚词，

———————

① 表二引自徐杰（2007）。

就最基本的语法性质来说，标句词与传统语法中的虚词具有一定程度上的一致性。

（三）标句词的来龙去脉

标句词是现代语言理论中的重要概念，其自 20 世纪产生伊始至今，内涵与外延变化巨大，但其最初也是保留至今的最经典内涵指的是动词的补足语小句所带的标记，它用来标明其引导的小句是一个充当补足语（complement，主要是宾语）的小句，是使得某小句成为补足语从句的语言单位。英语中"Complementizer"指的是用作标句词的词语，而大写简写的"COMP"乃至"C"则是指特定的句子中心语法位置。同一语言中不同的标句词除了共同标明其引导的小句是个补足语［+从属］之外，还分别标明该小句的其他属性，如［+/-定式］、［+/-疑问］等，在有的语言中还可标明某种情态语气（Frajzyngier 1995、1996）。英语中典型的标句词一般认为包括 that、for 和 whether、if 四个，分别引导陈述意义和疑问意义的小句（温宾利 2002）。这四个标句词的共同点是都标明［+从属］，且都分布在其所引导小句的句首位置，而不同点是，that 标明［+定式］、［-疑问］；if/whether 标明［+定式］、［+疑问］；而 for 则是标明［-定式］、［-疑问］。

为了充分描写和充分解释相关语言现象，随后的学术研究将标句词的经典内涵大幅度充实，标句词的外延大幅度扩大，进而把标句词的内涵定义为标明句子属性的功能语类（a functional category specifying the nature of a clause），其外延也就不必局限于位于从属地位的补足语小句即宾语从句和主语从句。而是在后来的理论体系中，标句词的领地远远超出了补足语小句的辖域，从而进入到了主句，其所标示的也不再局限于与句子从属性相关的各种特征，而是可以标明与句子（包括从句、单句和复句）整体有关的多种功能范畴（Bresnan 1970，Frajzyngier 1995、1996，Rizzi 1997，田源 2011 等）。同时，在形式语法的句法结构体系中，CP 即标句词短语（Complementizer Phrase）逐渐替代了 IP 即屈折范畴短语（Inflectional Phrase）来表征完整的句子结构。在标句词位置上即可容纳多种属于整个句子的功能范畴，其在句法上具体实现为标句词这一语法成分。准确地说，"标句词"这一概念其实包括两层含义：一是句子中心 C 位置，二是句子中心 C 位置上的语法成分。

（四）研究目标

标句词问题在几十年的发展历程中得到了许多语言学研究者的关注。

有关标句词的研究，主要集中在标句词理论的发展和具体语言中标句词使用情况两个大的方面。

就标句词理论的研究来说，西方学者多年来进行了不少的探讨，"标句词"这一概念从最初意义上的"补足语从句标记"，历经几十年的发展历程，其内涵和外延发生了巨大的变化。但目前有关标句词还没有一个清晰、明了的界定，学者们或是根据自己的研究需要进行临时定义，或是把标句词概念当做理所当然，直接拿来使用，或是采用跟英语中的标句词进行类比的方式，来界定其他语言中的标句词等等，表现出了混乱、随意的特征。

相比之下，有关具体语言中标句词问题的研究则取得了喜人的成果，许多语言中的相关标句词用法都被一一发掘出来，不同语言中标句词使用情况的对比也是语言学家们研究的热点之一。另外，其他学科的研究也丰富了我们对标句词问题认识的深入，如语法化研究考察了很多词语的语法化发展历程，其中就涉及一些经由语法化用作标句词的现象。但具体语言中标句词的研究则主要集中在西方语言，汉语中的标句词问题一直以来都没有得到应有的重视，只有少数学者在研究中偶尔提到，但并未展开系统性的研究。

针对目前标句词研究中存在的问题，我们主要集中处理标句词概念的明确以及汉语标句词的系统研究等问题：

一是在前人研究以及对更多语言事实进一步考察的基础上，结合汉语语言特征，试图提出一个明确的、更具概括性的标句词概念界定和判定标准；

二是对汉语中的标句词现象进行系统的研究，在对标句词概念进行重新界定的基础上，重新审视汉语，挖掘汉语中的标句词现象，以其所标记的不同的特征和性质为标准，将汉语标句词系统分为几个不同的子系统，并分别进行深入的考察和论述，以期能够全面了解汉语标句词的使用情况，为标句词理论研究及语言类型学等相关研究提供更多的汉语证据。

二　相关情况说明

本书所用的语料、例句，主要包括以下几个来源：其他研究文献、文学作品、北京大学 CCL 语料库、网络、电视节目和中央电视台"百家讲坛"栏目的口语转录等，未标明出处的例句为作者本人根据母语语感自造。

　　由于研究所需，本书在其他学者研究的基础上所涉及的语言主要包括普通话、方言、中国少数民族语言和其他国家的一些语言。其中所引语料主要涉及的汉语方言及少数民族语言包括：闽语、粤语、北京话、吉首方言、西宁方言、山东金乡方言、云南玉溪话、上海话、阜阳方言、扬州话、苏州话、汕头话、昆明话、合肥话、安徽东流话、南京话、宁夏固原话、陕北晋语沿河方言府谷话、客家话、藏语、畲语、景颇语、白语、优诺语、莽语、布赓语、景颇语、格曼语、羌语、西摩洛语彝语、珞巴族语言、靖西壮语、侗台语榕江话等；所引用的其他国家语言主要包括英语、日语、韩语和泰语等。

第二章

标句词理论及相关研究的发展

标句词（Complementizer，简称 COMP 或 C），是生成语法学与语言类型学研究中的一个重要概念，在当代语言理论中具有重要地位。在管辖与约束理论（Government and Binding Theory）中，标句词理论与管辖理论、格理论和约束理论都具有重要关系（Chomsky 1986，Rizzi 1990）。标句词理论在几十年的发展历程中得到了许多语言学研究者主要是国外语言学家们的关注，有关具体语言中标句词现象的论著层出不穷，"标句词"这一术语本身概念的内涵与外延在发展过程中发生了巨大改变。本章我们主要梳理标句词概念的发展历程以及学者们对标句词的研究概况，在此基础上进一步明确标句词概念。在之后几章中，我们将会进一步应用到汉语相关现象的研究中，以期从另一角度探求相关问题的解释。

第一节　国外有关标句词理论的研究

标句词理论的发展主要集中于西方语言学界，许多学者对一些具体语言中的标句词现象展开了广泛而深入的研究，取得了丰硕的成果。有关标句词理论的发展，其中几位学者做出了尤其突出的贡献，它们在标句词理论的发展历程中发挥了关键作用。

一　Rosenbaum（1967）的研究

Rosenbaum（1967）是较早对标句词概念进行具体界定和研究的学者之一。Rosenbaum（1967：41）指出将谓词补足语（predicate complement）与其他类型的补足结构区分开来的其中一个重要特点，就是一组特殊的标记词，它们采用单一语素或成对语素的形式，如 that、for、to、POSS、ing和其他一些词，这些词被称作补足语素（complementizing morphemes）或标句词（Complementizer）。Rosenbaum（1967：41）将下列句子中加下划线的成分看作是标句词：

  （1）I think that Fords are too expensive.

  （2）I dislike arguing about silly matters.

  （3）I am concerned about John's being so lazy.

  （4）The king ordered the proclamation to be read.

  （5）I should like very much for you to reconsider your refusal.

  标句词的其中一类是 wh 标句词，而另外一类起标句词作用的语素是"if"和"whether"（Rosenbaum 1967：57）。在标句词这个集合中，内部成员在彼此之间也存在着一定的相互作用，如标句词"for"只与标句词"to"共现，标句词"POSS（'s）"只与"ing"共现，"that"常常单独出现。

  Rosenbaum（1967）指出有关标句词现象存在两个明显的问题：

  一是什么因素决定着标句词以某种方式引导各种谓词补足语结构；

  二是在标句词被引入到谓词补足结构的深层结构之后，如果要描述标句词的句法表现，那么必须考虑哪些因素？

  就第一个问题来说，顾名思义，标句词（Complementizer）这一术语意即这些语素是与谓词补足结构（predicate complement）密切相关的一种功能词，而不是一些特殊句子的性质或是句子集合。在将标句词引入到谓词补足语结构中所采用的规则似乎必须是上下文敏感（context-sensitive）重写规则（re-writing rule）或是带有转换能力的规则，因为需要它来解释本身不是谓词补足句或是其他类型补足语句子的主句中并不包含标句词。如果将转换规则看作是一个过滤器，那么将标句词看作是在深层结构中通过上下文自由的重写规则的操作而派生出来的则有一定可能性。

  就第二个问题而言，在将标句词引入深层结构中起作用的至少有以下几方面需要考虑的内容。首先就是标句词的分类以及形成这种分类的解释，有些转换是对标句词"for-to"或是"POSS-ing"敏感的，而在大多数情况下，标句词 that 则表现出了与其他标句词明显不同的性质。为了对标句词进行区分，Rosenbaum（1967：45）提出了一个二元特征层级，这个层级包含以下规则：

(6)　$[+C]\longrightarrow[\underline{+}D]$

　　　$[+D]\longrightarrow[+E]$

(7)　$\begin{cases}+C\\-D\end{cases}\xrightarrow{\text{语素上实现为}}$that

　　　$\begin{cases}+C\\+D\\-E\end{cases}\xrightarrow{\text{语素上实现为}}$for-to

　　　$\begin{cases}+C\\+D\\+E\end{cases}\xrightarrow{\text{语素上实现为}}$POSS-ing

　　第二个在将标句词引入到深层结构中的转换中起作用的因素，是主句和谓词补足语句的标句词之间的限制条件。动词短语补足语中标句词的选择取决于主句中的动词。

　　Rosenbaum（1967：49）指出一般来说标句词并不影响补足语小句的语义解释。动词短语补足结构中标句词的选择取决于主句中的动词，这就意味着动词在词库中就被标记上了特殊的、可能出现在动词短语补足语中的标句词特征，换句话说即动词包含着那些能够隐含在并列动词短语补足语中可能出现的标句词的特征。例如，如果动词可以带标句词"POSS-ing"的话，那么它就被标记上了［+D］［+E］特征，如果动词可以带上标句词"for-to"的话，那么它所带有的特征是［+D］［-E］。

　　另外，Rosenbaum（1967）考察了三种类型的名词短语补足结构（noun phrase complementation），包括宾语补足语、主语补足语等，并且指出用在不同的名词短语补足结构中的各个标句词的性质在一定程度上存在差异。并针对英语中不同标句词的特征以及动词对标句词的选择性限制等方面的内容进行了论述，为其后标句词理论的进一步发展提供了借鉴。

二　Bresnan（1970）对标句词的系统研究

　　Bresnan（1970）系统地对英语中的标句词进行了研究，她的研究是标句词理论发展史上非常重要的里程碑之一，其观点常常在后世标句词研究中得以引用。

　　（一）对标句词的界定

　　Bresnan（1970）指出标句词是一个句法语类，是用来区分小句类型

的语素，它总是位于句首。英语中用来区分小句类型的句首语素如
"that、for、than、as 和 wh 或 Q"等被其界定为标句词。

（二）标句词与短语结构假设

在 Bresnan（1970）之前生成语法的研究中，一般认为不同类型的补
足结构具有相同的深层结构，带有标句词的补足结构则被看作是在从深层
结构向表层结构的转换过程中插入了标句词。而标句词则常常被看作是既
没有语义内容又没有显著句法功能的、用来标示句法上从属关系的标记。
这种转换生成分析法存在着种种问题。

Bresnan（1970）将短语结构假设（Phrase-structure Hypothesis）应用
到标句词的研究中，根据短语结构规则，标句词在深层结构中就存在：

$$（8）\ \overline{S} \longrightarrow COMP \quad S$$

（8）是 Bresnan 提出的英语中的短语结构，COMP（标句词）代表着
深层结构中的节点，它和 S 组成了一个更大的单位 S'（S-bar）。在句法、
语义和普遍语法的证据下，她提出，之前大多数生成语法著作中曾经对于
标句词的认识是错误的，标句词并非语义为空而只是句法上重要的成分。
标句词实则在深层结构中就存在，并区别于其他类型的补足结构。标句词
存在于深层结构中的假设，使得标句词带有一定的语义内容具有了可能
性。Bresnan 提出，标句词实际上带有独特的语义功能，这种语义功能在
一定程度上决定着谓词的种类与标句词之间的典型联系。

（三）对英语中标句词的系统研究

Bresnan（1970）对于英语中多个标句词的句法分布特征进行了系统
研究和对比分析，她指出英语标句词是在深层结构中就存在的，它并非是
在转换过程中插入的。

她指出占据句首位置（clause - initial position）的疑问 Q（wh）、
"that"和"for"都是英语标句词系统中的一员，三者都不能在同一个句
子中同现，具有总体上相同的分布特征，都可以出现在宾语补足语
（object complementation）、主语补足语（subject complementation）、名词补
足语（nominal complementation）、系词补足语（copular complementation）
和附加语补足语（adjoint complementation）中。在最高层或是非内嵌的句
子中，"wh"和"that"必须删除；在内嵌句中，"that"和"for"在不同

的条件下要有选择性地删除；在主语位置上，所有的补足语类型都不允许标句词"that""for"和"wh"的删除。

"that"的功能是确定一个补足语。选择"that"补足语的动词是那些与有定的、特指的命题相匹配的谓词。相比"for"补足语来说，"that"补足语表现出了更多的有定性或者说是特指性。"that"本身就是一种有定算子（definiteness operator），和 wh 词一样，"that"的语义值是独立于语气的。

"for"是英语中最有趣的小品词之一，它作为标句词的功能事实上是专属于英语的。标句词"for"与介词"for"的一个明显的区别是几乎任何名词短语都可以做其宾语，即使是虚词"there"，而介词"for"没有这种功能；第二个区别性特征是标句词"for"引导的补足语小句可以像"that"补足语一样作主语。Bresnan 假设"for"存在于深层结构中，但当与动词相邻时，在某种情况下就被删除了。

"wh"具有一种独特的本质的意义，一个以"wh"开头的句子可能具有很多种解读，这取决于较高层次的谓词的语义内容和补足语中的助动词。但"wh"语素本身具有一种不变的意义。"wh"标句词所引导的补足语的解读既可以是疑问的（interrogative），又可能是怀疑的（dubitative），这都取决于高一层的动词。更准确地说，wh 词具有类似限定词（determiner）的语义功能。

Bresnan（1970：58 footnote 20）假设"that"是无标记标句词，而"wh"和"for"则需要在深层结构中进行标记。在随后的转换过程中，"that"被插入到无标记的 COMP 节点。

Bresnan 认为不同的标句词具有不同的语义功能，这些影响着它们与不同谓词之间的匹配。除了出现在谓词补足结构和名词补足结构中的标句词"wh、that 和 for"之外，英语标句词系统还应该包括引导对比小句和关系小句的"than、as、that 和 for"。

（四）标句词吸引普遍性原则（The Complementizer Attraction Universal）

Baker（1969）的疑问普遍性假设（Q-universal Hypothesis）提出英语中的"if、whether"和其他语言中的类似语语在句法树中是 Q 语素（Q morpheme）的词汇性实现；并且对于问句来说，只有一种可能的移位规则，这会因语言而有所差异。Baker 的假设局限于问句，它要求统制词汇性语素节点的特殊 Q 语素的存在。

　　而 Bresnan 关于"wh"是标句词的假设则不需要特殊节点 Q 的存在，并且不需要为疑问句单独设置一个规则。她提出了标句词吸引普遍性原则（The Complementizer Attraction Universal）：只有存在句首标句词（clause-initial COMP）的语言才允许标句词吸引转换（COMP-attraction transformation）。所谓标句词吸引转换指的是将一个成分移位到标句词位置（COMP position），如关系小句、问句的构成和 wh 移位。Bresnan 的假设并不仅仅局限于疑问句，而是可以应用到任何包含标句词并且将其句内成分移位到标句词位置的小句，相比 Baker 的假设更具包容性和普遍性。

　　Bresnan（1970）针对中心语居左的关系小句与疑问词居左的问句之间在句法结构上的相似性，提出了假设，即带有左置中心语的关系小句是由带有左置标句词的小句派生而来的。短语结构（phrase structure）决定了既定语言中标句词的位置。日语中的语言事实也证明了标句词吸引普遍原则（complementizer-attraction universal）。日语中关系小句的中心词在右边，且日语中并不存在将疑问成分移到问句句首的现象。这与根据标句词吸引普遍性所预测的一样，即：右置标句词的语言（如日语）中不存在问句或关系小句中的移位规则。

　　（五）"所有句子都包含标句词"的理论假设

　　Bresnan（1970：49）提出：所有的句子，不管是内嵌与否都有标句词，在英语非内嵌句中，标句词必须删除，但在其他语言中则不一定。如陈述句中就删除了标句词"that"。各种各样的补足语类型不是由转换而是由基础成分生成的，标句词的语义功能更加说明这些连接小品词不可能与基础或底层结构（base）相分离（Bresnan 1970：191）。

　　（六）关系结构和比较结构中的标句词及与谓词补足结构的同异

　　Bresnan（1970：207）提出在短语结构规则"S̄ ──→COMP S"意义上，标句词在深层结构中就存在，除了疑问标句词"wh、for 和 that"之外，英语标句词的概念还可以扩展到"than、as"，"than"和"as"在比较结构中的作用与关系结构中的"that"作用类似。

　　比较小句和关系小句与"that，for 和 wh"所引导的补足语的语法功能存在很大差异。谓词补足语能够做给定谓词的主语或宾语，而关系小句或比较小句则与句子具有不同种类的语法关系，它对句中某些成分起限定、修饰作用或是以这些成分为特征。从语义上看，比较小句或关系小句结构包含一个约束小句中某个成分的算子（operator）。比较小句和关系小句的区别性特征来自于它们的语义功能。在深层结构中，句子的某些部分必须是与中心语等同或是具有复指关系而能被中心语约束的，否则这个结构就不能成立。

抛开比较小句和关系小句独特的语法功能，它们内部的句法结构与谓词补足语类似，即小句 S 前带有关联词如"than、as 和 that"等。谓词在某种程度上管辖着谓词补足语中小品词的选择，而限定词则在某种程度上管辖着比较小品词和关系小品词（参见 Bowers 1970）。如果将前者称为谓词补足结构（predicate complementation）的话，那么后者就可以称之为限定词补足结构（determiner complementation）。Bresnan（1970：220）指出补足理论不仅包括谓词补足结构，也包括限定词补足结构，她所提出的很多规则都涉及了这两种类型的补足结构，如标句词吸引普遍规则等；另外她还将标句词和句子 S 的位置关系与中心语和句子 S 之间的顺序联系起来进行考虑，指出标句词插入中心语和关系小句之间构成了关系结构。Bresnan（1970：223）指出比较句中心词居首的语言也是标句词居首的语言，标句词插入到中心词和比较小句或者关系小句之间。

总的说来，Bresnan（1970：221）认为关系小句是由占据标句词位置的关联词（conjunctive particle）所引导的，也就是说，关系小句的内部结构与 S̄ ——→COMP S 规则所假设的结构是一致的。这为将引导比较小句和关系小句的小品词看做标句词的假设，以及英语中这些小品词为什么位于句首等问题提供了解释。

Bresnan（1970）的研究中虽然没有明确提出标句词的位置只有句首和句尾两种，但从其论证过程的种种表述中，我们可以得出这样的结论。然而从汉语的语言实际中，我们发现，标句词在句中的位置并非只有句首和句尾两种，还有位于另一句子敏感位置即"谓头"的情况，相关现象及分析将在之后几章进行研究，此处不赘。

三　Frajzyngier（1995、1996）有关标句词的研究

Frajzyngier 是继 Rosenbaum 和 Bresnan 之后，早期对标句词的研究最为细致深入的学者之一，不仅关注了一些具体语言中的标句词用法，同时也是少有的几位注意到标句词概念在发展中所存在的模糊不清、"随用随定"的问题，并提出了自己对于标句词概念的界定。

（一）Frajzyngier（1995）的研究

1. 标句词的重新界定

Frajzyngier（1995）在回顾了前人对标句词各种界定的基础上，明确指出了在标句词的界定中所存在的问题：

A. "标句词的主要功能是将主句和内嵌句隔离开（separate）"的观点，无法解释同一语素能够分别在单句和复杂句中的主句出现的现象，例如在那些不要求或者是不允许隔离功能的句法环境中；另外这种"隔离"的观点还有一个重要的问题在于，这种"隔离"小句成分的功能存在的动机是什么，因为句子之间并非永远都要同时出现并且需要隔离开来。

B. "标句词的功能是将小句标记为补足语"的观点，无法解释为何即使是在那些存在标句词的语言中，仍然存在很多类型的补足语小句并不要求、甚至不允许标句词的存在。

C. 之前有关标句词的界定并没有对出现在内嵌小句句首以外的成分进行解释，这些成分与标句词是互补分布的，应该属于同一个集合。

D. 如果将隔离主句和内嵌句、将小句标记为补足语当做是标句词的功能的话，那么为何在某种语言中存在两个或三个标句词有次序地同时使用的现象，而在有些情况下一个就足够了。

早期的转换语法关心的是特殊标句词的选择，但管辖与约束理论却不关心这个。功能主义者关心特定标句词的作用，因而出现了大量研究英语和其他语言中特定标句词的著作。但这些著作都没有回答以下几个问题：一是为什么有些标句词只出现在某些主句中却不能出现在其他主句中？二是为什么在有的语言的内嵌句中只有一个标句词，但有的语言中却可以有两个或三个标句词？

Frajzyngier（1995）认为这些问题都与标句词的功能有关。针对前人研究中所存在的上述种种问题，Frajzyngier（1995）提出了自己对于标句词的界定，指出标句词是出现在特定句法位置上的词汇独立的情态标记，既可以标记主句又可以标记内嵌句，它们只是语言中标示情态的方式之一。

Frajzyngier（1995）明确指出标句词组成了情态标记系统的一部分，具体来说，它们包含着义务（deontic）情态、认识（epistemic）情态和其他类型的情态特征，它们既可以标记主句也可以标记从句。"情态"这个术语指的是说话人对于命题的态度（Palmer 1986），还包括指向施事和指向说话人的情态（Bybee et al. 1994）。Frajzyngier（1995）认为疑问也是认识情态的一部分，它是有关命题真值的探求（是非问句）、关于命题特定成分的探求（特指问句）或者是关于猜想的真值的探求（反意疑问句）。Frajzyngier（1995）的这种看法肯定了 Palmer（1986）有关标句词功能的看法，同时也包括了 Bybee 等（1994）未涉及的内容。

　　2. "标句词为空"现象的解释

　　即使在假设每个句子都有标句词的理论中，也承认有标句词位置可能为空的现象。Bresnan（1970）第一次提出了"S̄ ——→COMP S"规则，假设标句词是单句底层结构的一部分，只是在表层结构中被删除了（陈述句删除了"that"，疑问句删除了"wh"），以此来解释标句词为空的现象。Emonds（1985：318）认为简单句中并不存在标句词的删除，将 S'和 P'看成标句词和 P，主句中底层的 P 为空。

　　Frajzyngier（1995）认为单句中没有出现标句词是由两个方面的因素造成的：

　　一是直陈句传达的是说话人意图信任的内容，也就是说直陈句具有与生俱来的认识情态；

　　二是对于义务情态来说，直陈句是无标记的情况，它既不暗含义务也不暗含希望。义务、希望和所有其他的义务情态都得由屈折标记、情态动词、情态副词或其他某种语言可能具有的手段来表达。而非直陈的主句中有时都没有标句词的原因，在于它们的情态由句法手段如语序、动词形态变化与语调、元音和音长等语音手段实现了，就不需要再由标句词来表达了。标句词和其他情态标记在主句中呈互补分布。如波兰语"czy"（"whether"），不同于现代英语中的"whether"，但与古英语中"whether"的对应词类似，"czy"不仅能用在内嵌句也能用在疑问主句（main interrogative clauses）中探求真值。标句词"czy"与疑问语调形成了有趣的分布特征，带有标句词的疑问句不一定非得在动词的倒数第二音节上使用重音来标记疑问语调，但当句中不含疑问语气词"czy"时，动词就必须带上疑问重音。

　　对于标句词为空的现象，Frajzyngier（1995）指出，当满足下面条件之一时，就会造成标句词不出现：

　　一是当小句为直陈情态，因此其与生俱来地被标记为与说话人对于命题真值的信任有关的认识价值时；

二是句内有屈折等其他手段来实现句子情态的表达时。

3. 两个连续出现的标句词及相关问题的解释

从理论上讲，简单句可能会被标记上不止一种情态，每种情态都需要一个独立的语素来表达。波兰语中就存在单句中有两个一起出现的标句词的现象，下例中前一个标句词表示义务情态而后一个表示假设语气：

(9) o-by　　　　　　　przyszla

　　　COMP-COMP　come：3F：PERF：PAST

　　　I wish she would come.

　　　我希望她能来。（Frajzyngier 1995）

而就复杂句中两个标句词同现的情况来说，除了已经提到的有关单句的义务和认识情态之外，还可能会有一个标记内嵌句的涉名域（de dicto domain）或涉实域（de re domain）（涉名和涉实都属于认识情态）的标句词。这种分析对于言说动词和感知动词尤其正确。在很多语言中涉名标句词的功能已经扩展到了做间接传信标记（markers of indirect evidence）。内嵌小句句内或句外的情态标记（常常被指作是标句词）可能的组构形式是涉名/涉实、认识、义务。一种、两种或三种类型的情态可能都被显性地实现，也可能一个小句只被标记出一种情态，而这种情态是句子与生俱来的性质，并没有显性的情态标记。

总的来说，标句词只是表示情态的手段之一，一个特殊类型的标句词在句中的出现是与句中其他情态标记手段的不出现联系在一起的，而某种特殊类型标句词的不出现则是与句中其他情态标记手段的出现联系在一起的。

4. 两个分离的标句词及相关现象的解释

两个标句词是一起出现还是被其他成分隔离开来，主要取决于内嵌句中的第二个标句词在内嵌句中的位置，和与标句词标示同样情态的其他情态标记手段的出现情况。

（二）Frajzyngier（1996）的研究

Frajzyngier（1996）在 Frajzyngier（1995）对标句词的概念进行界定（认为标句词是出现在特定句法位置上的词汇独立的情态标记，可以标记主句或者内嵌句，它们只是语言中标示情态的方式之一）的基础上，又将标句词的功能特征进行了扩展，认为标句词还存在标记句法界限的功能，类似于 Hopper & Traugott（1993）的观点。

　　之前很多语言学家都曾经指出标句词的功能就是引导补足语小句，将小句标记为补足语等，但他们并没有说明"引导""标记"所比喻的内容到底是什么以及隔离（separation）概念的性质或动机。在现代语言学中，有关为什么一些复杂句中的小句需要引导词而其他小句并不需要的原因并没有得到研究，为什么标句词在某些语言中能够省略删除，有的语言中不能省略删除的原因也没有答案。Frajzyngier（1996）在 Frajzyngier（1995）提出在有的语言中标句词可能有隔离功能（separate function）的基础上，进一步指出标句词具有将一个句子命题与另一个句子命题隔离开，从而使得论元能够合理分配给合适动词的功能。这种功能就能解释为什么标句词在某种语言中能够删除，也可以解释一些语言中同样的标句词能够在同一句子中的不同位置上出现两次的现象。这种假设为在描写标句词时所用的"引导""标记""分离"等标签提供了理由。在这种假设下，标句词将一个句子与其他句子分离开来，使得从语法上对每个句子进行分析成为可能，也就是，句子中的名词短语被合适地指派给句子中的不同动词。

　　标句词一般出现在如下两种情形之中：

　　A. 当语法关系的标示手段允许句中论元可以相对自由地出现时；

　　B. 在小句顺序可能在论元指派上存在模糊性的语言中。

　　Frajzyngier（1996：98–99）指出选择某个成分做标句词的标准是：如果一个单独的形式具有标示情态和/或具有论元分离功能（argument–separation）的话，那么这个形式就可以认为是标句词。

　　另外，乍得语族（chadic language）中标句词的位置以及语法化的来源在 Frajzyngier（1996）中也得到了深入的研究。Frajzyngier（1996）统计了一些乍得语族语言中标句词的两个位置：在主句和内嵌句之间或者是在内嵌句句尾。其中大部分语言中涉名标句词都是出现在主句和内嵌句之间。出现在内嵌句和主句之间的标句词的位置实际上是在内嵌句句尾，并且乍得语族很多语言中都有言说动词和指示词语法化发展为标句词的现象。

　　总之，Frajzyngier（1995、1996）从两个方面拓展和深化了标句词相关问题的研究，一是对之前语言学家们有关标句词概念的认识进行了深刻地反思，并在相关语言现象的支持下，对标句词这一概念进行了重新界定，对标句词理论自身的发展十分关键；二是对一些语言中的标句词现象进行了系统的研究，不仅加深了对相关语言中标句词使用特点的认识，同时也为进一步地支持或修正标句词理论提供了重要的依据。

四　Rizzi（1997）的分裂标句词假说

Rizzi（1997）提出了分裂标句词假说（Split-complementizer Hypothesis），它是生成语法制图理论（Cartographic Approach）基本精神的具体体现，在标句词理论发展史上具有里程碑式的意义。Rizzi（1997）将传统上单一的标句词系统（CP）分解为多个功能系统的有机组合。

在一般的理论假设中，句子结构由三个结构层构成，即：

第一，词汇层（Lexical Layer）：以动词为中心语，是指派题元角色的结构层；

第二，屈折层（Inflectional Layer）：以语法范畴词为中心语，负责格（case）和一致关系等论元特征的允准；

第三，标句词层（Complementizer Layer）：以自由的功能语素为中心语，是话题和算子类成分如疑问代词、关系代词、焦点成分等所处的层次。

在 Kayne（1984）、Larson（1988）、Pollock（1989）等研究的影响和启发下，标句词层也表现出了在句子的左边缘位置分离出多个不同功能的 X' 结构的需求。Rizzi（1997）认为标句词系统是由 IP（Inflectional Phrase）所表达的命题内容与言谈话语结构（discourse）的接口（interface）。标句词系统至少表达面向句子内部和面向话语篇章层面两种类型的信息。Rizzi（1997）重点考察了一般情况下出现在句子左边缘位置的四种成分，如疑问代词、关系代词、话题和焦点成分等，并假设了一个由多个 X' 组成的标句词系统，具体来说，包括定式短语（FinP）、话题短语（TopP）、焦点短语（FocP）和语力短语（ForceP），其中距离句子主体最近的是定式短语，语力短语位于标句词系统的最外层，话题短语和焦点短语居中，但只有话题短语是可以递归的，如（10）（引自 Rizzi 1997）：

（10）

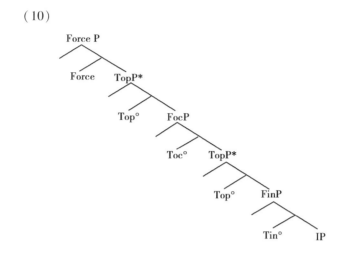

    Rizzi（1997）对标句词系统的重新解构，使得句子中的许多成分都找到了一个独立的位置，在一定程度上解决了许多难以解释的语言现象。但这种对标句词系统硬性分裂的做法并不为一些学者所接受，这种结构也并非适应于所有的语言。另外，Rizzi（1997）将标句词系统分出的这四个组成部分，对句子的线性顺序关注较多，主要是基于对出现在句子左边缘位置成分的考虑，但其中某些成分并非全句功能范畴，而只是句中某个成分的语法特征，因此基于标句词主要与全句功能范畴紧密相关的考虑，这些独属于某个成分的语法特征在一定程度上并不一定适合放在标句词短语中进行考虑。

    但 Rizzi（1997）将传统上单一的结构划分为多个独立短语结构的有机组合的处理方式，为我们提供了很多的启发和借鉴。本书中，我们会继续借鉴这种制图理论（cartographic approach）的基本精神，但在具体划分标准上立足于标句词与全句功能范畴密切相关的性质，更多地考虑汉语的语言实际。

第二节　具体语言中标句词的研究

    在标句词理论发展的同时，西方语言学家对不同语言中的标句词现象展开了广泛的关注和研究。在丰富对多种语言中标句词使用情况的了解的同时，也为标句词理论的修正和进一步发展提供了语言事实依据。理论发展与语言事实研究都在互动中得到了很大的提高。

有关具体语言中标句词的研究，语言学家的研究视野多数集中于西方语言，既有对某个语言中的标句词短语进行的系统研究，也有在发展相关理论、分析相关问题时对具体语言中的标句词现象进行的零散研究。其中有关英语等语言中标句词现象的研究进行得最为广泛而深入。

有关英语中标句词现象的研究：如 Thompson & Mulac（1991）对英语口语中标句词"that"使用情况的研究，Taylor（2009）对标句词"the"的研究等；

有关西方语言中标句词使用情况的研究：如 De Boel（1980）对古 Attic 语中标句词意义的研究；Joseph（1981）对希腊语和巴尔干半岛语言 Balkans 语中标句词的研究；Kayne（1984）、Rizzi（1982、1997）对意大利语中标句词使用情况的研究；Borsley（1986）对威尔士语中前置标句词的研究；Bayer（1999）对 Hybrid 语言中句尾标句词的研究；Watanabe（2000）对亚支的高地德语语言变体（varieties of Continental West-Germanic）中标句词的研究；Willson（2002）对 Marshallese 语言中标句词短语的研究；Carstens（2003）对西日耳曼语支（west Germanic）中标句词相关现象的研究；Aboh（2006）对 Saramaccan 和 Gungbe 中标句词系统的研究；McConvell（2006）对 Ngumpin-Yapa 语中标句词及语法化的研究；Mascarenhas（2007）对葡萄牙语中标句词相关现象的研究；Paoli（2007）对罗马语中标句词问题的研究；Willis（2007）对威尔士语（Welsh）中标句词的研究等；Tsukida（2009）对赛德克语（Seediq）中标句词"ka"的研究；Krapova（2010）对保加利亚语（Bulgarian）中标句词的研究；Demonte & Fernández-Soriano（2009）对西班牙语中标句词的研究；D'Alessandro & Ledgewa（2010）对艾布鲁塞斯语（Abruzzese）中标句词的研究；Dam & Dam-Jensen（2010）对西班牙语中标句词的研究；Roussou（2010）对现代希腊语和英语中相关现象的研究等。

有关日语标句词的研究：Saito（1987）、Maki et al.（1999）对日语 Kansai 方言中标句词的研究；Watanabe（1994）、Hiraiwa（2000、2002）认为日语中的关系小句是一个空标句词引导的关系小句并针对相关标句词用法展开了深入研究；Koyama（2001）、Suzuki（2005）、Munakata（2006）、Kishimoto（2006）对日语中标句词相关现象的研究等。

有关汉语标句词的研究：郑良伟（1997）对台语中标句词的研究；

Simpson & Wu（2002）对闽南语中标句词的研究；Yeung（2003）对粤语中标句词的研究；刘丹青（2004）对汉语中"道"的研究、方梅（2006）对北京话中"说"的研究、Chappell（2008）的研究等。

第三节　有关汉语标句词的研究

相比国外语言学者自从 20 世纪六七十年代就已经展开的对标句词理论和许多具体语言中的标句词用法的研究而言，围绕汉语标句词展开的研究是相对欠缺的，有关标句词的论著屈指可数，对标句词现象有过研究的学者们也较少，大多是在研究其他问题的同时顺便提及汉语标句词问题，很少专门以标句词作为专题进行系统研究。

有关汉语标句词的研究，为了行文方便，我们分别选取海外学者和国内学者中影响较大的部分研究进行简要介绍。

一　海外学者对汉语标句词的研究

汉语标句词研究近年来逐渐得到了语言学研究者尤其是海外汉语研究者的关注，他们逐渐将研究视野聚焦在汉语尤其是汉语方言中标句词的个别使用以及语法化发展等方面的问题上。

（一）有关言说动词用作标句词现象的研究

郑良伟（1997）对闽南语和"台湾国语"中作为子句结构标志（即标句词）的"讲"和"看"进行了研究，为其后学者们对闽南语及其他方言中言说动词语法化用作标句词现象的研究提供了很好的借鉴。郑良伟（1997）指出闽南语的"讲"具有用作动词、副词、句尾词及子句结构标志等功能，用作子句结构标志的"讲"的用法类似于英语中的"that"。而国语中的"说"虽然在闽南语"讲"的影响下逐步发生演变，但其用法远远没有"讲"广泛。

Simpson & Wu（2002）对闽南语中言说动词用作标句词的相关现象进行了深入的研究，对"kong（讲）"的标句词用法进行了细致地描写，尤其关注闽南语中"kong（讲）"位于句尾的现象。Simpson & Wu（2002）从语流音变的角度切入，最终经过连读音变规则的应用，"kong（讲）"的补足语小句经过 IP 提升（IP-raising）操作，移位到了"kong（讲）"的左侧，最终生成了"kong（讲）"位于句尾的句法结构。这种分析方法为 SVO 型语言中句尾助词的形成原因提供了解释，并且为循环拼读（Cyclic Spell-out）提供了证据。

Yeung（2003）从多个角度寻找证据，论证得出粤语中"waa6$_3$（话）"和闽语中的"kong（讲）"都具有标句词的功能，从共时的角度对"waa6$_3$（话）"的句法语义特征等内容进行了详细的论述，"waa6$_3$（话）"在句法上带有一个 IP 做其补足语，而不再具有动词的句法特征，在语义上也暗示着其后小句的补足语性质。

陈姿瑾（2003）对"台湾国语"中的"说"和闽语中"讲"的用法进行了对比研究。闽南语"讲"具有多义性，并且彼此相互关联，由于语言接触的影响，国语"说"在闽南语"讲"的影响下，语法化发展出了很多类似于"讲"的用法。其中，"讲"已经完全语法化为子句结构标记（即标句词）和副词，但"说"只是在某些语境中具有虚化为标句词或副词的用法，仍然处于朝着标句词方向发展的道路上。

Chappell 是对汉语中言说动词语法化现象尤其是标句词用法的研究较为深入的学者。Chappell（2008）首次在比较的过程中利用言谈口语语料对中国境内语言的跨语言变化展开了研究，对闽南语和粤语中言说动词用作标句词的现象进行了量化分析，论证了语法化发展的具体步骤。她指出言说动词在闽语中的语法化程度高于粤语，并且对客家话、湘语、吴语、晋语、赣语等十种中国境内语言中言说动词语法化的功能进行了论述。Chappell（2008）的研究为言说动词语法化发展这一普遍路径提供了中国境内语言的证据，并且对这些方言间言说动词的语法化用法与进程进行了对比分析，为语言类型学等方面的研究提供了宝贵的资料。通过对多个汉语方言的考察，她指出当前的研究中包含标句词这一语类的方言包括南部闽语、"台湾国语"、北京话、香港粤语和泗县客家话。这些方言中的标句词具有以下几方面特征：

第一，在已研究过的这些中国境内语言中，标句词都位于补足语小句之前。虽然中国境内语言尤其是普通话表现出了中心语居前和中心语居后混合的情况，但中心语居前标句词则与基本的 SVO 语序保持了和谐一致；

第二，不同方言中，主句中的主动词（包括言语行为动词（speech act verb）、认知动词（cognition verb）、感知动词（perception verb）、情绪动词（emotion verb）和情态动词（modal verb）等）在带言说标句词引导补足语的能力上存在差异。有多少种动词可与标句词共现取决于言说动词语法化的程度。因此，一般情况下只有一类动词能够在任一既定语言中都可以带标句词；

第三，标句词要带句法上完整的句子，类似于靠形态区分的语言中的有定小句；

第四，除了南部闽语之外，中国境内语言中，一般只有一个标句词，常常是宾语从句标句词；

第五，在有标句词用法的任何一个中国境内语言中，标句词都不是必需的，小句之间的连接可以由简单的组合来实现；

第六，不同于英语，中国境内语言中，标句词引导的补足语并没有作为主句主语的扩展现象；

第七，与英语类似，包含言说动词的补足结构在句法上不能作为一个完整的结构独立存在。

（二）有关将某些句尾语气词处理为标句词的研究

汤廷池（1984）认为汉语中的疑问语气词就是问句的标句词，并"把汉语的关系子句分析为以补语连词'的'为主要语的大句子"。

谢丰帆、司马翎（2006）将"Complementizer"翻译为标句语，并将标句语层次（CP-layer）的中心语看作是 C 语子（C-elements），指出由于标句语层次的功能很丰富，所以不同的 C 语子有不同的功能，比如有的 C 语子主要用来封锁 IP，有的 C 语子则用来标示疑问句或表达语气等言谈功能。谢丰帆、司马翎（2006）认为汉语有两种 C 语子，一是句末语气词，一是标句语。标句语层次联结了屈折短语与话语（或称为"言谈"）或信息结构（information structure）之类的语用范域。由于 CP-layer 的功能很丰富，所以不同的 C 语子（C-element，意即 CP 层次的中心语）有不同的功能。有的比较"虚"，主要用来封锁 IP，以俾下一步的包孕（embedding），如英语中的"that"。有的 C 语子语义比较"实"，如汉语的"吗"，用来标示疑问句。还有些标补语纯粹是表达语气之类的言谈功能，如汉语北方方言的"呢""吧"。而汉语某些方言中的"说、话、讲"等可以看作是标句语。通过对汉语某些方言中 IP 夹在两个 C 语子之间的语言现象的推导论证，指出这种现象是由因"破解对称"诱发的 CP 移位造成的，最终得出了汉语是中心语居前语言的结论。

（三）有关其他标句词现象的研究

Huang（1982）曾经提到将某些介词或者是虚化了的动词处理为标句

词是很常见的现象，引导程度补语和结果补语小句的"得"，"把、跟、连、比、对"、"给"等都可以分析为标句词，有些时候关联词也可以看作是标句词，但并没有展开论述。

二　国内学者对汉语标句词的研究

随着生成语法研究在国内的逐渐兴起，以及海外学者们研究的影响，国内许多语言学研究者渐渐注意到了标句词问题，开始运用生成语法理论来分析汉语中的标句词，有的学者还在对语言事实研究的基础上开始思考理论问题，对标句词的概念进行反思。如夏家驷、司富珍、刘丹青、何元建、邓思颖、徐杰、方梅等学者都曾经对汉语中的标句词使用情况进行过研究。

夏家驷（1993）在 Huang（1982）、汤廷池（1984）的基础上，对汉语中的标句词进行了概括，指出古代汉语和现代汉语中都存在标句词，包括古汉语中的"盖、夫、者"等、引导关系小句的"的"和"把""得""被"等，"标句词实质上是各种句类的引导标志，汉语中的标句词不仅出现在句尾，而且还可以出现在句首"。

司富珍（2002、2004、2006）指出现代汉语中的"的"是标句词，"的"做中心语引导的标句词短语可以出现在句子的主语或宾语位置，分别充当句子的主语或宾语，而古代汉语中用于主谓之间的"之"，其主要作用是用来取消句子独立性；现代汉语中的"的"与古代汉语中的"之"都具有用于主谓之间、取消句子独立性从而充当其他句子的主语或宾语的作用，这都可以看作是"的"和"之"做标句词短语的中心语的用法。而现代汉语中的"的"和古代汉语中的"之"所具有的历史继承关系则为现代汉语标句词假设提供了证据。司富珍（2009）进一步假设汉语中的"得"是一个在功能和性质上与英语中典型的标句词"that"类似的成分，并在吕叔湘（1980）所提出的"得"所在句子的基本结构是"动/形+得+补语"、"得"主要用来连接程度或结果补语、得可以分为九种类型的基础上，指出九种类型中的得$_1$都应该看作是标句词，得$_1$后的成分都可以看作是小句，不同的是在某些类型中，"得"后小句中的主语以空语类的方式呈现。

Yeung（2003）指出汉语和粤语中的关系标记"de"和"ge3"也是标句词，它们是由名词选择用来引导名词补足语的中心语居后的标句词。

　　刘丹青（2004）明确提出汉语中的"道"是一个内容宾语标句词，它用在言语行为动词、写作书写行为动词和思维行为动词后做关系性或连接性语法标记，表示其后出现的成分为内容宾语小句。"道"用作标句词经过了长期的语法化发展历程：第一阶段，"道"用作言说动词，带上直接引语做宾语；第二阶段，"道"与言语行为有关的动词短语构成松散的并列或连动结构，后面跟的直接引语是动词"道"的宾语，此时"道"的语义已经开始弱化，处于从属地位，这是"道"弱化的起点；第三阶段，"道"用在单纯的言说行为动词或动词短语后，其本身的说话义已经非常薄弱，主要用来介引直接引语，这时的"道"处于动词和标句词的转折点；第四阶段，"道"进一步可以用在写作书写类动词或动词短语的后面，引导直接引语，这时的"道"已经完全丧失了言说动词的词汇意义而成为标句词；第五阶段，"道"已经成为真正的标句词，其用在思维心理类动词后，所引导的小句不再是直接引语，而是思维心理动词"思考"的具体内容。从历时发展的角度看，"道"在宋元之交已经完成了从言说动词到标句词的语法化历程。但在现代汉语口语中"道"的标句词用法已经逐渐衰落，而主要用作书面语标句词。

　　方梅（2006）对北京话中言说动词"说"的语法化进行了研究，其中就包括"说"用作标句词的现象。北京话里"说"的语法化有两条路径：一条是言说动词虚化为补足语从句标记即标句词，另一条是从言说动词虚化为虚拟情态从句标记。其中"说"最早与言说动词、感知动词搭配，引导直接引语或间接引语，进一步虚化后，可以用在认知动词、静态动词和系词之后，用作准标句词，这时的"说"已经逐渐丧失了言说动词本身所表示的言语行为意义，具有了标句词的关键功用即引导从句，但"说"仍以连动结构后项动词的形式出现，其后的小句在句法上自足，所以还属于尚未完全虚化的标句词，方梅（2006）称之为"准标句词"。准标句词"说"进一步虚化，完全脱离连动结构，从具有独立词汇意义的实义词向具有语篇衔接功能的功能词虚化，发展为真正的标句词。方梅（2006）的研究中概括出了标句词"说"应该具有的四种特征，即：

　　A. 表示小句之间的句法关系，不表示行为；

　　B. "说"完全丧失动词的句法属性，不能像谓语动词那样被副词修饰、附加时体成分；

　　C. "说"附着在小句的句首；

D. "说"所在的小句在句法上不自足，不能独立进入篇章。

何元建（2007、2011）在讨论单句的结构时，提到单句的结构主要包括三个组成部分，动词短语（Verb Phrase）、语法范畴词短语（Inflectional Phrase）和标句词短语（Complementizer Phrase），并且指出汉语中的标句词主要包括两个大类：一类是语气词，另一类是用来标示句子边界的词。语气词如用来标示疑问语气的"吗"，用来标示感叹语气的"啊"等，而结构助词"的"则是汉语中唯一一个用来标示句子边界的词。标句词短语之所以成为句子结构的三个组成部分之一，原因就在于句子边界和语气都是句子的重要信息，它必须通过句子结构来实现，只有这样，语法系统才能对句子作出恰当的语义解释。何元建（2007）指出汉语标句词总是出现在句末。并将 C 看作是标句词的总称，认为没有使用语气词的句子中其实使用的是零语气词，指出语气词的零形式也可以投射成标句词短语，这个投射出来的结构在句法结构输出到语音形式库之后，就会触发相关的语音指令，对应相关的语调。除了零陈述语气词之外，何元建（2007）又进一步分出了零疑问语气词（C［+Qu］），零祈使语气词（C［+Im］），零感叹语气词（C［+Ex］）。此外，何元建（2011）把同位语句、关系语句中的"的"，以及表原因、条件和让步的复句关联词看作标句词。

田源（2009）认为"道"的标句词用法在现代汉语口语中已经被现代汉语中处于主导地位的言说动词"说"取代，这与汉语不同阶段中主要言说动词的更迭有关。现代汉语中，"说"取代"道"成为主要言说动词，使用频率最高、范围最广，在长期的使用过程中也不可避免地出现了语法化用作标句词的现象，而此时的"道"则已经"退居二线"，较少在口语中用作言说动词，其已经发展出的标句词用法也多出现于书面语中。

第四节　有关标句词界定的相关论断

标句词（Complementizer）的概念由 Bresnan（1970、1972）首次进行了系统性研究，她提出标句词是一个句法语类（syntactic category），将英语中用来区分小句类型的句首语素如"that、for、than、as"和"wh"或 Q 等称为标句词。

标句词曾被看作是没有任何语义内容的表示句法上从属关系的标记。

标句词理论自提出以来，在当代语言学理论中发挥着重要作用。国外语言学研究者纷纷对世界多种语言中的标句词展开了研究，在研究过程中，学者们发现了标句词在很多方面具有类型学上的意义，如世界语言中的标句词个体是多种多样的，但就其语法化的来源来说，一般集中于言说动词、指示词等几个方面。虽然自 20 世纪六七十年代以来，有关于标句词的研究越来越丰富，对越来越多的语言中的标句词的使用特点有了更多更深入的了解，但在一个最根本也是最重要的问题上却一直没有达成共识，那就是标句词的准确定义问题。

　　一直以来，对于标句词的严格定义问题是存有争议的。有的学者认为标句词是将一个补足语小句 IP 进行次范畴化（subcategorize）的功能中心语（Radford 1997，Haegeman & Gueron 1999），有的则根据标句词的语义功能对其进行归类（Wierzbicka 1988，Langacker 1991，Frajzyngier 1995，Givoón 1990）；有的学者甚至完全否认将标句词作为一个独立的类别（Hudson 1995）。但有关标句词的一个共识就是，标句词对补足语小句进行次范畴化，从而构成一个做动词补足语的成分（Yeung 2003）。虽然语言学家们在将一个语素确定为标句词时有一定的共识，但在词语是否应该划入标句词这个集合中仍然存在很大的分歧。这种分歧归根结底要归因于标句词这个术语本身在界定上的模糊性。它不仅包含那些标记句子性的主语和宾语的旧术语"从属小品词"（subordinating particle），也包含着出现在主句中的疑问标记等语素。常见的现象是，学者们或在著作中不对标句词进行界定就直接列举一些例子，指明例子中的某个词就是标句词；或运用类比的方式进行界定，如指出目标语言中的某个词语类似于英语中的标句词"that"，因此也是标句词。可见，学者们在研究中或把标句词这个概念当成是理所当然，或干脆回避标句词这个术语的概念界定问题，总之标句词的概念一直都没有达成明确的共识。（Frajzyngier 1995）

一　西方学者对于标句词概念的界定

　　只有极少数著作试图对标句词进行了界定，认为标句词就是标示其后的小句是一个补足成分。例如：

　　Noonan（1985：44-45）提出：标句词一般与那些具有将其后的成分界定为补足成分的词（word）、小品词（particle）、附着成分（clitic）和词缀等有关，认为具备这种功能的成分就是标句词，并且进一步列举出了

英语中的标句词 "that、of、to";

Palmer（1986）使用连词（conjunction）来指代一般语言学家们所指的标句词，但并未对其进行界定，但是在讨论不同语言中的连词时认为它们具有情态功能（modal function）;

Ransom（1986：87-88）将标句词界定为是出现在补足语中、将补足语与主句分离开来、并标示其情态的半词汇形式（semi-lexical forms），列举出了英语中的标句词 "that、whether、for-to、whether-to";

Givón（1990：552ff）把问句中的语素称作 "从属—分离—语素"（subordinating-separating-morphemes），但仍然使用了标句词这一术语。

Bickerton（1981：109）指出：不管主句和内嵌句这两个句子的相对顺序如何，标句词必须出现在特定的句法位置即内嵌小句之前。

Hopper & Traugott（1993：178）认为标句词就是用来表示小句之间彼此功能关系的小句连接词（clause linker），或者标记句法上的界限。

Frajzyngier（1995）认为标句词是出现在特定句法位置上的词汇独立的情态标记，可以标记主句或者内嵌句，它们只是语言中标示情态的方式之一；Frajzyngier（1996）又将标句词的作用进行了扩展，认为标句词还存在标记句法界限的功能，类似于 Hopper & Traugott（1993）的观点。

二　汉语研究者对于标句词概念的界定

温宾利（2002）指出标句词是一个比较特殊的功能语类。所谓标句词指的是分句的引导词，一般在传统语法中，分句的引导词被称作从属连词，用于名词性分句、形容词性分句和状语从句中；但生成语法中的标句词则只包括部分名词性分句和不定式分句的引导词。英语中的 "that、if、whether" 和 "for" 一般认为是标句词。很多学者在研究其他语言中的标句词时常常以英语中的这四个词作类比。

刘丹青（2004）将作为补足语的从句或句子形式的补足语简称为补足语从句，其标记称作补足语从句标记，简称标句词。

邓思颖（2010）认为小句（clause）和句子（sentence）之间存在差别，二者之间最大的差别是语气，小句带上语气之后才成为句子，句子是比小句更大的语法单位。小句可以划分句类，汉语通过句子意义以及一些显著的语法特点来划分句类，这些显著的语法特点包括疑问代词、感叹词、特殊句型、主语和谓语的选择等 "词汇手段"（徐杰 2003）来显示；

句类最重要的标准是语调，表示汉语句类最基本的形式手段是语调。而语气只出现在句子层面，语气对句类的划分有一定参考作用，但二者并不完全等同。语气所表达的是话段意义，与语境有关，句类则是按照句子意义进行划分，由句子的语法特点来决定，是独立于语境的。邓思颖（2010）提出汉语表示句类的语调属于超音段成分，应作为一个独立的词类——标句词（C），构成标句词短语（CP）。而跟焦点、程度和感情有关的成分则可以合成一个大类，体现为语力、焦点，合称为语气词 F。汉语的语气词应该位于标句词短语之外的位置，只能在根句出现。邓思颖（2010）进一步将语气词 F 细分为表示焦点的语气词短语 FP_1、表示程度的语气词短语 FP_2 和表示感情的语气词短语 FP_3。

邓文将小句分析为由语调做标句词中心语 C 所投射出的标句词短语 CP，将句子分析为与焦点、程度和感情有关的语气词短语 FP 的做法，概括起来主要包括两个方面的内容：

一是主张将小句和句子的结构区分开来，认为它们属于不同的结构投射；

二是认为小句是标句词短语，是由语调作为一个独立的词类投射出来的，而句子是由表示焦点、程度和感情的语气词 F 所投射出来的。

邓思颖（2010）立足于小句和句子之间在句法表现上的种种差异，主张将小句和句子区分开来看待的做法是正确的，并且合理地解释了汉语中语气词不能出现在嵌套小句中的原因。但这种分析方式在某些细节上还有待商榷。

第一，将标句词短语看作是由语调作为一个独立的词类所投射出来的分析方法有待商榷。语调属于语音层面的内容，它的内涵和外延是模糊的，它的成员是难以确定的，邓文也未做进一步的说明。另外，将语调作为一个独立的词类并且作为中心语进行投射的分析方法在其他语言的研究中还较为少见。

第二，将表示焦点、程度和感情的语气词各自投射出不同的结构的做法存在分得过细的问题，一个很有可能出现的结果就是在具体操作时会因为意义和内涵的复杂性而导致具体归类的困难，无法准确地将某个成分归入 FP_1、FP_2 或 FP_3。

第三，邓文认为小句只与句类有关，与语气无关，与焦点、程度和感情有关的成分只属于句子的观点，无法解释某些语言中小句也包含着与感情有关的情态等信息的现象，情态信息并非句子的专属。

三　标句词概念发展的特点

总的说来，标句词概念在几十年的发展历程中主要表现出了两个特点：

一是混沌、不明确，一直没有一个明确、清晰的为大家所广泛接受的界定；

二是标句词概念的内涵和外延发生了巨大变化。最初的标句词又称作补足语从句标记，顾名思义就是指那些引导充当谓词论元的补足语小句的标记词，但标句词概念在接下来的发展中已经不完全局限于补足语从句标记了，而是外延在不断地扩大。

这两个特点其实是相关的，正是因为标句词这一概念一直以来都没有一个明确的定义与界定，因此学者们在研究过程中不得不根据按照自己的意愿和需要对标句词进行自己的界定，以至于标句词的界定呈现出繁杂多样之势，长此以往，对其理论发展和实践性研究十分不利。

第三章

全句功能语法范畴与标句词

海内外学者们对标句词理论本身及一些语言中标句词的使用情况进行了广泛而深入的探索，为我们进一步的研究奠定了坚实的基础。但有关标句词的界定问题一直处于混沌、随意的状态中，至今仍未形成一个清楚、明了的概念表述。本章我们通过探讨标句词与句子功能、全句功能语法范畴、句子三个敏感位置等相关问题之间的关系，从而试图为标句词这一概念提出一个具有较高普遍性和概括性的界定方式，并为其后几章中对汉语标句词系统的研究奠定基础。

第一节 句子功能

句子功能是语法研究中的重要概念，但究竟什么是句子功能，句子功能到底是语法层面还是语义或语用层面上的概念等，这些问题在学界都尚未达成一致的观点。句子功能的定义纷繁复杂，根据徐杰（2010a）的总结，有关句子功能的论断主要有三派观点：

一是句子功能语用说，即认为所谓的句子功能是语用层面的问题，应该从语用角度着眼对句子功能进行研究。张斌（1998）是句子功能语用说的拥戴者，其认为句子的功能不是句法功能，功能与用途是一回事，是统一的。另外持句子功能语用说的学者们主要有朱德熙（1982）、张斌（1998）、吕明臣（1999）、吕冀平（2000）和杜道流（2005）等。

二是句子功能语义说，即认为句子功能一般指的是语义功能（周长雨 2006）。这一派学者们主要是从语义角度来考虑句子功能问题，在语义范围内对句子功能进行定义。屈承熹、纪宗仁（2005）也持此观点。

三是句子功能语篇地位说，即认为句子功能应该在句群或篇章的视野下讨论。吕叔湘（1979）最先提出了这种将句子功能从语义和语用层面中抽离出来，而放在语篇中进行考虑的观点，吴为章（1994）等继承并发展了这种观点。

徐杰（2010a）在目前句子功能定义杂乱的现状下，对句子功能进行了重新限定：句子功能虽然在语义和语用领域都有研究的意义和必要，但语义和语用层面中的句子功能并不等同于语法层面上的句子功能，语法学领域中的句子功能要在语法学标准和规范下进行研究。而语法学意义下的句子功能必须表现出语法形式的特征，并诱发语法形式的操作，这种情况下，这种全句功能才具有语法学上的意义。徐杰（2010a）从整体和宏观的高度给句子功能进行了科学合理的定性："语法学意义下的'句子功能'仅是那些在形式上带有特定语法效应的句子功能。这些特定语法效应主要表现形式是在句首、谓头和句尾三个句子敏感位置上所进行的加标、移位和重叠等句法操作"。

有关句子功能，我们这里主要采用徐杰（2010a）对句子功能的界定。它是一种广义上的句子功能，不仅包含狭义的句子功能即全句功能范畴，还包括句际关系范畴。而关系本身就是一种功能的体现，因此句际关系范畴也是句子功能的重要组成部分，它表现出了与典型的句子功能平行一致的特征，二者有着平行的语法形式以及句法操作手段。

第二节　全句功能语法范畴与句子三个敏感位置

一　全句功能语法范畴

关于语法范畴，不同理论学派对其界定不同。结构主义理论体系中，广义的语法范畴指的是各种语法形式（包括显性和隐性语法形式）所表示的语法意义（包括所有的结构意义、功能意义和表述意义等）。而狭义的语法范畴指的是由词的形态变化表示的语法意义的概括，又叫做形态语法范畴或形态范畴，如"性、数、格、时、体"等。

生成语法学者对语法范畴的界定大不相同，如何元建（2007：73）认为广义的语法范畴（grammatical category）由三部分组成：与句中动词有关的范畴，如时态（tense）、体貌（aspect）、情态（modality）、否定（negation）和语态（voice）等；与句中名词性成分有关的范畴，如处置（disposal）、焦点（focus）、话题（topic）和使役（causativity）等；与句子语气有关的范畴，如陈述语气（declarative）、祈使语气（imperative）、感叹语气（exclamative）和疑问语气（interrogative）等。狭义的语法范畴则专指与动词有关的范畴。语法范畴既可能有标记，如形态、助词等，也可能没有标记，如动词的肯定形式、陈述语气等。语法范畴的实现要通过句子结构来表示，语法范畴标记投射出自己独立的短语结构，没有标记的语法范畴则可以看作是零标记。

根据语法范畴的辖域是否为整个句子，又可以把语法范畴分为全句功能语法范畴和非全句功能语法范畴。全句功能语法范畴是构成句子必要的语法要素，是完句语法成分，在意义上处于句子命题部分的最外层，这里的全句既包括单句也包括复句中的分句（李莹 2009）。徐杰（2006）所谓的"全句功能范畴"或者"全句功能特征"指的是那些属于整个句子（包括主句和从句）的功能特征，而不是句中某个句法成分所独有的功能特征。这些非线性、超结构的功能特征注入线性句法结构，进入形式语法的运行轨道后，将在不同语言中诱发和驱动各种语法手段的运用，从而造成类型不同的句法改变。

语法范畴可以通过各种语言手段来实现，主要包括形态手段、词汇手段、语音手段和语法手段等等。特定的语言可以选择一种以上的语言手段来表示相关语法范畴，不同的语言所主要选取的语言手段存在差异。

就语法手段来说，徐杰（2001：182）提出了四种在语法形式上能够采用的手段和操作形式，即：

1. 添加（Adjoining）：加进没有词汇意义而只有语法功能的所谓"虚词"；

2. 移位（Movement）：重新安排某语法成分在句子中的位置；

3. 重叠（Reduplication）：重复某语法成分；

4. 删除（Deletion）：删除某语法成分。

徐杰（2005）进一步将句法操作手段即在句法形式上所采用的手段方式，限定为加标、移位和重叠三个大类。任何语言所采用的句法手段都可以划归入这三类句法手段之中，它们作用于某种基础形式，从而生成新的派生形式。

根据徐杰（2001）的定义，所添加的内容都是只有语法功能的所谓"虚词"，它们通常是作用于整个小句的功能算子，如表示情态语气的句末语气词、标示句际逻辑关系的复句关联词语等，它们都是通过"添加"语法手段进入句法结构，从而实现特定全句功能范畴的。就标句词来说，受制于移位条件的约束以及词法条件等的限制，它所涉及的语法手段主要就是"添加（加标）"，而并不涉及"重叠""移位"等句法操作手段。

二　句子三个敏感位置理论

"句子三个敏感位置"是徐杰（2005）提出的重要理论，"对属于全句的语法范畴只能在有限的某些特定位置进行"，"这种位置有三个：'句首'、'谓头'和'句尾'。我们把这三个特殊位置叫作'句子敏感位置'。"即只要是与全句有关的功能范畴，其表现形式或句法手段在句法结构上只能位于句子三个敏感位置上。而这三个句法位置之所以特殊和敏感，原因在于它们除了担负线性句法结构中的基本角色之外，还要对属于全句的语法范畴做出相应的语法反应。句子三个敏感位置理论具有极大的概括性和普遍性，几乎概括了绝大多数有关全句功能范畴的句法位置问题，并且能够以此为基础对其他相关问题提供合理的解释。

句子三个敏感位置中，句首和句尾位置由于移位条件和词法条件等的约束和限制，只能进行"添加"语法操作，而"谓头"位置则可以进行所有三种句法操作，即添加、移位和重叠。可见，"谓头"位置比句首和句尾位置具有更强大的容量和功能（徐杰 2010b）。句首和句尾位置上能够实现的全句功能范畴与"谓头"上能够实现的全句功能范畴是不同的，而特定语言为了实现全句功能范畴而采取句法操作的位置则与其语序类型及中心语位置参数（Head-position Parameter）等因素有关。

三　全句功能语法范畴的实现与两个句子中心

句首、句尾和谓头三个句法位置对于全句语法功能范畴具有敏感性，原因就在于它们分别是不同意义下的句子中心语所占据的位置，而句子中心语是由功能性成分来充当的。句首和句尾是中心语 C（标句词）占据的位置，而谓头则是另一个中心语 I 占据的位置，C 是带有标句词的句子的中心语，而 I 是不带标句词的句子的中心语，I 是核心的、必有的，而 C 则位于边缘位置、是可选的（徐杰 2010b）。

在语言类型学意义上，标句词一般位于句子的边缘位置，与语言的语序类型具有一致性，标句词或位于句子的左边缘即句首位置，或位于句子的右边缘即句尾位置，因此概括起来，标句词的句法位置通常主要涉及句首和句尾两个位置。①

　　标句词和谓头位置上的结构成分都是全句功能范畴的实现者，不同的语言、不同的全句功能语法范畴在实现时，不仅所选取的句法手段不同，或添加、或移位、或重叠，并且所选取的句法位置也不相同，在句首或句尾标句词位置上添加标句词，或在谓头位置上采用三种句法手段中的某种手段来实现。

表一

句法手段　　　　句法位置 全句功能范畴		句法手段		
		添加	移位	重叠
标句词	句首	+	—	—
	句尾	+	—	—
全句功能范畴相关成分	谓头	+	+	+

　　全句功能范畴就是通过与全句功能范畴相关的句法成分，与句首、句尾和谓头三个句子敏感位置以及添加、移位或重叠等句法操作手段等相关因素的拼盘配套而实现的。其中标句词在句首和句尾位置通过"添加"句法手段进入句法结构，而某些成分通过在谓头位置进行添加、移位或重叠等句法手段进入句法结构，从而实现相关全句功能范畴的表达。不同语言中全句功能范畴的实现都是通过从这些可能的拼盘配套中选取某种或多种配套方式来实现的。

第三节　"标句词"的重新界定及相关问题

一　"标句词"的重新界定及其内涵

　　前文中我们提到，标句词作为生成语法及语言类型学中的重要术语，虽然有关标句词的研究论著数不胜数，其在一些语言中的句法属性、使用特点以及语法化的发展等等方面的内容都得到了细致而深入地研究，在我们为这些有关标句词的丰富的具体研究欣喜的同时，不可忽视的一个问题

_____

　　① 但通过对汉语语言事实的考察，我们发现，汉语标句词还有位于句中的现象，详见第四章相关论述。

就是，标句词到底是什么？这些在不同语言中被界定为标句词的那些成分，它们在句法、语义等方面的共性与差异是什么？标句词都有哪些类别？学者们在对具体语言中的标句词展开研究的同时，其中最为关键、最为根本的问题即标句词的界定问题却一直被忽视。

夏家驷（1993）指出"标句词实质上是各种句类的引导标志"。这种说法肯定了标句词对于句类的标记作用，具有合理性，但实际上标句词的作用并不仅仅是标记句类，它还有很多其他的语法作用如标示句子情态语气、标示句间关系等，其组成成员也不仅仅是句类标记。Bhatt（1999：151ff）指出标句词不仅等同于从属同时也等同于语气，语气和从属这两种功能应该看作是单独的功能语类。标句词实际上是多种功能范畴的中心语的统称，它绝非仅仅局限于补足语从句或语气，它所能标示的功能特征是多样的，还应包括句间关系等多种全句功能特征。

在前人研究的基础上，立足于汉语、中国少数民族语言等语言事实，我们试图提出一个明确的、更具概括性的标句词概念：

（1）所谓标句词，即标示句子类型的虚词。

这里的"句子类型"并不完全等同于传统意义上依据句子语气等特征而划分出的陈述句、疑问句、感叹句和祈使句等的句子类型概念，而是具有更大的概括性与包容性，它与多数涉及全句功能的语法范畴有关，如句子属性、句类、句间关系甚至句子情态语气等等，而标句词就是与这些全句功能范畴有关的标记词。标句词并非对应于某一个独立的词类，而是具有相同句法性质和功能的词语的集合，它们可以来自于不同的词类，但总的来看，标句词基本不具有词汇意义，而更多的是具有功能意义，属于功能语类。若将其与传统语法中的词类概念联系起来的话，这些充当标句词的成分都属于"虚词"的范围，但并不是所有的虚词都是标句词，只有那些标示着句子类型如句子属性、句类、句间关系甚至句子情态语气等全句功能范畴，位于句首、谓头和句尾三个句子敏感位置上引导小句的虚词才是标句词。

标句词所出现的句法位置即句子三个敏感位置即句首、谓头和句尾。多种类型的全句功能语法范畴都能分别投射出自己的功能范畴短语，都属于标句词短语层面（CP-layer）。这些功能投射位于层级结构中的不同位置，具有不同的域，反映在线性顺序上则具有不同的先后顺序。标句词是句子功能实现的关键手段之一。

任何一个句子都带有一个标句词 C（Complementizer），都是标句词 C 投射出来的标句词短语 CP（Complementizer Phrase），不管是单句、复句还是从句。这些不同类型的句子中的标句词分别标记着句子的属性、语气、情态或句间关系等等。标句词有显性和隐性之分，在没有显性标句词出现的句子中其实带的是一个零形式的标句词，如陈述句，在世界很多语言中，陈述句都是无标记的，汉语也不例外，汉语中的陈述句没有明显的标记性特征。

二 "标句词"的判断标准

（一）其他学者的相关论述

Chappell（2008）在前人研究（Bresnan 1970、1972，Dixon 1991，Horie 2001，Noonan 1985 等）的基础上，进一步概括出了标句词的结构特征：

第一，在补足语小句中中心词居首的标句词一般是与 VO 语序一致的，而标句词位于补足语小句句尾则是与 OV 语序一致的。英语作为 VO 型语言，其标句词就位于补足语小句居首；

第二，主动词从可能的标记集合中选择语义合适的标句词，英语中的标句词包括"that"、"for-to"、疑问代词和"POSS-ing"；

第三，具体的标句词可能决定着补足语是有定还是无定。如英语中的"whether"和"that"带有定小句，而"for-to"则要带无定的补足语；

第四，典型地来看，一个复杂句一般只有一个标句词；

第五，标句词可能是非强制性的、可选的（facultative），如英语中的"that"，但"to"并非如此；

第六，主语从句中的标句词不能删除，如英语中的"that"；

第七，在非内嵌句如主句中不能出现标句词，如"That he is leaving"不能作为一个独立的句子单独使用。

Chappell（2008）对标句词在结构上的使用情况和种种特征进行了细致的概括，使标句词的结构特征进一步明确化，为我们的研究提供了借鉴，但有些细节之处尚有待商榷：

第一，Chappell（2008）所总结的这些结构特征，主要是用作补足语从句标记的标句词的结构特征，但标句词是一个多功能性的群体，不仅可以标示从属性，还具有其他多种功能；

第二，其以英语为主要依据，所提出的结构特征等对其他语言的适用性不强，如与汉语中标句词的相关句法现象就并非完全相符；

第三，有关标句词结构特征的论述仍然存有一定的缺陷。如她指出非内嵌句如主句中不能出现标句词，但汉语等语言中的语言事实证明，主句中也有标句词，只是出现在主句和内嵌句中的标句词及其所标示的信息、特征不同罢了。内嵌句中的标句词用来标示句子的属性即从属性等特征，而主句中的标句词则用来标示句类、情态等。

第四，由于主要是针对用作补足语从句标记的标句词所进行的概括，因此其有关标句词结构特征的论述中存在一些并不适用其他类型标句词的表述。

（二）"标句词"的判断标准

在对汉语普通话、汉语方言、少数民族语言及其他语言中相关现象考察的基础上，依据我们在前人研究基础上提出的标句词概念及界定，判断一个成分是否是标句词可以依据以下标准：

第一，是否属于功能语类［即徐杰（2001）所谓的"没有词汇意义只有语法功能的所谓虚词"和一些语法化了的成分］；

第二，是否引导一个小句；

第三，是否标记着某种与全句有关的语法范畴，如句子属性、句类、句间关系、句子情态语气等；

第四，是否位于句子三个敏感位置。

三　"标句词"与句子功能的实现

标句词（Complementizer）是生成语法中典型的功能语类之一，它作为功能中心语在句子结构中会投射出自己独立的短语结构即 CP（Complementizer Phrase）。标句词短语 CP 位于句子结构的最上层，下层分别是屈折范畴短语 IP（Inflection Phrase）和动词短语 VP（Verb Phrase）。标句词短语 CP 是完整意义上句子结构的代表，其上层联系着比句子大的语法单位如篇章、言谈或信息结构，下层联系着屈折范畴短语（谢丰帆、司马翎 2006）。因此标句词短语可以看作是句子和话语或信息结构的接口或过渡层次。在标句词短语这一层次上，既包含与句子关系密切的语法功能，也包含与话语或信息结构有关的语法功能，可见 CP 层中所包含的成分是繁多的，功能是丰富的。而话语或篇章这一比句子更大的语法单位，它在某种意义上一定程度地决定着句子的意义和句子功能的实现。而标句词短语 CP 中正包含有许多与话语或篇章有关的功能成分，这就意味着标句词或标句词短语在一定程度上决定着句子功能能否顺利实现、句子功能怎样实现等等。可见，标句词或标句词短语与句子功能之间具有十分密切的关系。

标句词的句法位置与带有特定语法效应的句子功能在句中的表现形式所在的句法位置之间也具有一致性。徐杰（2010a）从语法学角度指出"句子功能"仅是那些在形式上带有特定语法效应的句子功能。这些特定语法效应主要表现形式是在句首、谓头和句尾三个句子敏感位置上所进行的加标、移位和重叠等句法操作。总体而言，标句词能够在句中出现的位置与句子功能的表现形式所处的句法位置一致。这种现象一方面反映出了标句词与句子功能之间紧密的关系，并进一步为标句词是句子功能的重要实现手段的论断提供了佐证，另一方面，二者在句法位置上的一致性更加说明，标句词和句子功能作为与全句功能范畴关系密切的成分，其句法位置理应就在徐杰（2005）所提出的与全句功能范畴有关的句子三个敏感位置上。

四　"标句词"与句子三个敏感位置

标句词是句子的中心语所在，因此它的句法位置与语言的总体语序类型、中心语位置参数（Head-position Parameter）关系密切。在中心语居前的语言中，标句词一般位于句首位置，如英语中，一般认为"that、if、for、whether"是其典型的标句词，它们都位于所引导的句子的句首位置。在中心语居后的语言中，如韩语，标句词"ko"则位于句尾位置。另外还有一些语言，它们的中心语的句法位置并不像英语和韩语那样整齐，汉语就是典型的混合型语言，它既有中心语居前特征，又有中心语居后的现象。汉语中标句词的句法位置是最多样、最复杂的，其标句词既有位于句首的，如言说标句词，又有位于句尾的，如情态语气标句词等等。另外，汉语标句词还有一个特殊的句法位置，就是"谓头"位置，如"可、之"等。谓头位置之所以可以容纳标句词，与其作为对全句功能范畴敏感的位置之一有关，谓头位置也是句子中心语的所在地之一。因此，谓头位置也是汉语中标句词可以出现的位置。Huang（1982）也曾将标句词分为句首（clause-initial）标句词和位于短语开头位置（phrase-initial）的标句词，虽在文中并没有指明是短语的具体类型，但从文中所述内容可以概括得出其这里所指的短语主要指的是动词短语。

第四节　汉语标句词系统

汉语标句词问题，在国内汉语学界一直没有得到足够的关注。原因是多方面的，一是"标句词"这一来自国外生成语法学派中的概念术语，对于多数本土汉语研究者来说并不十分熟悉；二是即使了解生成语法、了解"标句词"概念的学者，很多也认为这一概念本来就是针对英语等西方语言中的现象而提出的概念，对汉语来说并不具有适用性，学者们关注的多是一些传统的热点问题。这些都使得汉语标句词的研究目前尚未得到系统深入的研究，但已经得到一些研究者们越来越多的关注。

有关汉语标句词，仍存在不少分歧：

第一，学者们对于汉语中是否存在标句词持有不同的观点，与一些生成语法学者和语言类型学研究者认为汉语中存在类似于英语等语言中的标句词不同，很多汉语研究者认为汉语中根本不存在所谓的标句词，所谓的标句词只是一个没有多少实际价值的、根本不适合汉语的外来概念术语而已；

第二，即使在承认汉语中存在标句词现象的学者中，有关标句词的判定和归类问题也存在很多不同意见。如有的学者认为汉语中的言说动词"说"和"道"等在方言甚至普通话中都有语法化用作标句词的现象，而有的学者则认为这并不是标句词用法；有的学者认为汉语中的"吗""呢"等语气词可以看作标句词，但其他一些学者则认为这些语气词的句法位置与英语中的几个典型标句词完全相反，并不能认定是标句词，等等。

可见，有关汉语标句词的研究，汉语学界目前还没有一个得到大家普遍承认的共识。究其原因，一是与其没有得到大家的普遍关注和广泛研究有关，另外更为重要的是，"标句词"这一概念本身的定义一直都是模糊不清的，即使在西方语言学界都没有一个明确统一的界定，因此大家没有一个明确的标准进行判定，不知道哪些该看作标句词，哪些不该看作标句词，更无法对其展开进一步的研究。因此，要对汉语标句词展开系统深入的研究，首要任务就是对其进行明确、统一的界定，这是进一步研究的基石和前提。

上文中我们对标句词这一概念进行了明确界定：

（3）所谓标句词，即标示句子类型的虚词。

这里的"句子类型"与绝大多数与全句功能范畴有关的语法范畴有关，如句子属性、句类、句间关系甚至句子情态等等，而标句词就是标记这些全句功能范畴、位于句首、谓头和句尾三个句子敏感位置上引导小句的虚词。

根据这一判定标准，我们认为汉语中（包括现代汉语、汉语方言、古代汉语）和中国境内某些少数民族语言中不仅存在标句词，并且这些具有特殊功能的标句词表达了许多关系全句的功能范畴。它们由于这些特殊的"标句"功能，从而构成了一个特殊的类别，即我们这里所称的标句词。我们认为汉语标句词系统的成员并不单一，功能也不单调，其可以分为以下几个组成部分：

第一类是标示句子属性的标句词系统，用来将句子属性标记为从属性，包括汉语中的"说""道"、方言中的"讲""话""看"和一些少数民族语言中类似功能的词；

第二类是标示情态语气的标句词系统，包括现代汉语中的语气词"吗""呢""吧"、古代汉语中的"云""矣"、方言中的"可"等；

第三类是标示句间关系的标句词系统，主要包括汉语中通常所指的复句关系词语中的连词、表示假设逻辑语义关系的"的话"等等。

第四章

标示句子属性的汉语标句词系统

在生成语法的理论框架内（Chomsky 1995、2000），标句词将小句中最边缘的功能语类词汇化，是多种表示不同全句功能范畴的功能语类的集合。不同语言中所具有的全句功能范畴不尽相同，标句词是全句功能范畴的实现手段之一。由于语言个性的差异，不同语言中标句词所能标示或实现的全句功能范畴不同，不同语言中标句词的特征和使用情况也体现出了种种差异。

就汉语标句词系统来说，其成员并非是整齐划一、性质功能完全相同的，而是可以根据其所标示的语法范畴、所具有的句法特征等分为不同的子系统，如标示句子属性的标句词系统、标示句子情态语气的标句词系统、标示句间关系的标句词系统等等。需要说明的是，某个标句词其所具有的句法功能并非绝对单一的，上述分类只是从整体上将标句词的句法功能分为几个不同的类型，根据某个标句词所具有的主要的句法特征将其归入某一类型之中，并不否认它同时具有其他类型的句法功能。

标示句子属性就是标句词特有的功能之一，汉语标句词系统中有一系列标示句子属性的词，本章我们主要考察这一类标句词系统的组成成员、句法作用和句法位置等相关问题。

第一节　句子的分类与句子属性

一　小句的"中枢"地位及句子特有因素

汉语各级各类语法实体可以分为两大类，一类包括语素、词和短语，它们是语言中的静态单位，不具有交际功能；另一类是句子，它是由词或短语组成的最小的具有交际功能的音义结合体，是动态的语言交际的基本单位（齐沪扬 2007：281）。

　　邢福义（1996）提出的"小句中枢说"十分看重小句（句子）对于语言、语言使用和语言研究的重要意义，指出"小句是最小的具有表述性和独立性的语法单位"（邢福义 1996：13），所谓的"小句"包括单句和结构上相当于和大体上相当于单句的分句，它在汉语各级语法单位中位于中枢地位，起主导作用。原因在于，小句包含的语法因素最为齐备、在各级语法实体中位于"联络中心"的位置、控制和约束着其他各级语法实体等等。其中，小句包容律更是揭示了小句与短语（及）合成词之间的关系：

　　　　（1）a. 包容律 1：小句－句子特有因素 = 短语
　　　　　　　b. 包容律 2：小句－句子特有因素－句子常备因素 = 合成词
　　（邢福义 1996）

　　句子特有因素主要包括句子语气、复句关系词语、语用成分、成分逆置现象和成分共用法所造成的特殊状况等等。我们所关注的标句词即是专属于句子的特有成分，也属于句子特有因素，它不仅用在小句中，也会出现在复句当中。

二　句子属性与标句词

　　本章我们主要从句子属性的角度切入，以句子属性的不同为标准，将句子分为独立句和从属句，前者可以独立成句而后者则是作为其他句子的从属性成分而存在，一般称为从句或包孕句、内嵌句等等。汉语是高度意合的语言，很多语法关系都无须使用显性的标记成分，而是相关内容直接连用，"意合"在一起。汉语里小句的从属性语法关系一般不用显性的标记词表示，这是一个普遍接受的共识（方梅 2006）。

　　一般来说，句子独立成句是常规情况、是无标记的，在多数语言中，独立句的独立属性是不具有任何标记手段的[①]，而一个句子充当另一个句子的某个组成成分即充当另一个句子的从句，则多数情况下是有标记的，需要借由其他手段将它这种特殊的用法或是地位标示出来，标句词就是这

---

　　① 独立句中虽然不出现标示其独立属性的标句词，但是会出现用来标示其他功能范畴如情态、语气等标句词。

种标示句子从属地位的手段之一。而从言说动词语法化发展而来的标句词，更是常常用来引导补足语从句，标记句子的从属性质。

从语言类型学意义上来看，言说动词用作标句词是言说动词语法化中具有普遍性的发展路径之一。在世界其他语言中，有很多言说动词最终语法化用作标句词的现象，尤其是在西非一些语言中，言说动词常常语法化用作标句词，用在其他一些动词后引导从句。由于语法化程度的不同，这种由言说动词语法化发展而来的标句词在句法表现上也存在一定的差异。在语法化程度相对较低的阶段，标句词往往与动词之间的关系相对紧密，随着语法化程度的不断提高，标句词与从句的关系越来越近。

第二节 言说动词的语法化

为行文方便，我们将言说动词经由长期语法化历程发展而来的标句词这一类简称为"言说标句词"。由言说动词语法化用作标句词的现象在世界很多语言中都存在，具有一定的普遍性。

言说动词是世界语言中使用频率较高的词语类别之一，在高频使用过程中，它们的意义和用法发生了很多变化，由最初表示言说意义逐渐产生了许多虚化的意义和用法。言说动词的语法化在世界语言范围内都是一种非常普遍的现象，是典型的具有语言类型学意义的语法现象。非洲、南亚、东南亚语言以及一些克里奥尔语中言说动词的语法化现象得到了学者们的广泛关注（Hock 1982，Saxena 1988，Plag 1992，Lord 1993，Güldemann 2001 等）。Heine & Kuteva（2002）从语言类型学的高度，概括得出了世界语言范围内言说动词语法化发展的多种路径，主要包括引导原因从句、条件从句、目的从句，做引语标记、标句词，表示传信意义等。汉语学界对汉语普通话及方言中言说动词的语法化现象也进行了很多研究，如董秀芳（2003）对"X 说"词汇化的研究，Yeung（2006）对粤语中"话"的研究，方梅（2006）对北京话中"说"从言说动词到从句标记等语法化发展路径的研究等等，但多是针对具体一种方言，有的只是针对某一个言说动词的某一种语法化现象。Heine & Kuteva（2002）的研究也主要是在学者们对西非等一些语言中言说动词语法化的用法用例的研究基础上进行的概括和提升，其中较少提到汉语用例。Chappell（2008）是少见的对闽语、粤语、湘语等几种方言中言说动词语法化发展进行的综合性研究。我们将考察的视野扩大到更多的汉语方言和少数民族语言，以期概括出汉语方言及少数民族语言中言说动词语法化发展的更多用法及类型。

结合汉语及其方言与少数民族语言来看，言说动词的语法化这样一种在世界语言范围内较为普遍的现象或路径在汉语中不仅存在，而且还包括一些 Heine & Kuteva（2002）所没有提到的言说动词语法化的路径如语法化做话题标记、语气词等。我们通过对多种中国少数民族语言和汉语方言的考察发现，言说动词的语法化这一普遍共性在汉语及少数民族语言中不仅得到了体现，而且类型非常丰富。

一　引语标记

言说动词最初都表示言说行为，意义实在，后来言说动词逐渐可以出现在其他言说相关动词、告知类动词和交际类动词等之后，引出具体言说内容。有学者认为这种出现在其他言说相关动词等后面的言说词是标句词，但这些后项言说动词的语义虽然发生了弱化却还保留有相当一部分言说动词的意义和用法，在前项动词带小句类宾语能力较弱时起辅助作用，帮助介引后面的引语小句，在有的情况下甚至删除之后会影响句子的成立，而不像真正的标句词一样是不具有词汇意义只起连接作用的功能语类，只能算是朝标句词方向发展的准标句词。

普通话中的"说"可以用在表示与言谈有关的动词之后作引语标记，介引充当动词宾语的引语小句，其既可以是直接引语，也可以是间接引语。充当言谈标记的"说"与句中不同成分的紧密关系的不同，导致了句表上的差异，"说"可以紧接动词，如例（2）；可以前后用逗号与动词和引语小句隔开，如例（3）；也可以紧挨引语小句，如例（4）。这种共时的句表差异是历时发展的结果，在这个发展的过程中，"说"与前项动词的距离越来越远，反映出动词"说"的语义在逐渐虚化，逐步朝着更为虚化的标句词方向发展。

（2）"这是我朋友。"吴迪轻声给我们介绍说，看到我们眼中的笑意，脸绯红了。（王朔《海水火焰》）

（3）这朋友一看他在那儿看书呢，一副钻研学问的样子，就问他，说，"老兄，你钻研什么学问呢？你是不是在钻研经学呀？"（刘心武"CCTV 百家讲坛·刘心武谈红学（上）"）①

（4）毛灿奇文凭低，没考上，但政府里的人告诉她，说新疆招聘团的人要来，要她等着。她回来告诉了我，我也就偷偷地作着当兵的准备。（卢一萍《八千湘女上天山》）

通过对大量口语语料的考察我们发现，普通话中"说"除了用在上述其他言说相关动词、告知类动词和交际类动词等前项动词后作引语标记介引引语小句之外，前项动词甚至可以是"讲""说"等普通话中的核心单音节言说动词，形成动词"说/讲"+引语标记"说"的组合形式。

（5）你看我上回听了一个专家他讲，说家长带着孩子来，说你看我们这个孩子两岁半了，可聪明了，……（徐朝霞、冯淑兰、袁春"CCTV 百家讲坛·关注早期教育"）

（6）所以现在我听到很多男干部都在说，说跟妇女干部在一起就发现妇女干部有什么什么样的优点，说她们特别认真，特别吃苦，说她们特别廉洁等等等等。（荣维毅"CCTV 百家讲坛·妇女与参政"）

汉语不同方言与少数民族语言虽然使用的言说动词不尽相同，但言说动词的语法化现象并不少见。其中言说动词用作引语标记的现象在闽语、粤语、苏州方言、西宁方言、吉首方言、德州方言、北京话、彝语、傣语德宏方言、侗台语临高话、阿眉斯语等多种方言及少数民族语言中都较为普遍，限于篇幅，在此不一一列举。

（7）你先回去告诉你们老爷说，我明儿个打发人，把银子送了去罢。那个家人说没法子，就答应了一声回去了。（北京话，谈论新编 引自方梅 2006）

（8）奸臣就奏讲："臣有听见讲，福建省福州府福清县，有一绕古怪其溪……"（闽语福清方言，冯爱珍 1993：164）

（9）她晓得那条人骂她，讲她是聪明，嫁牛。（吉首方言，李启

---

① 本书所有百家讲坛语料均来自于中央电视台"百家讲坛"栏目口语转录。

群 2002：364）

　　（10）家明早_{明天}北京去哩说。（西宁方言，张成材 1998：17）

　　　　　他说他明天去北京。

　　（11）u┤　bi┤ɑ　u┤　mɑ　la┐ bi┤ɑ.（彝语，陈士林
等 1985：200）

　　　　　他　说　他　不　来　说

　　　　　他说他不来了。

　　不同方言及少数民族语言中言说动词语法化的程度迥然有异，除了闽
语、北京话等语法化发展较为成熟的少数方言外，其他大部分则处在语法
化发展的初期阶段，所以作为言说动词语法化起始阶段的引语标记用法在
很多方言和少数民族语言中都能找到佐证。

二　"听说义"传信标记

　　Heine & Kuteva（2002）指出在言说动词语法化的多种类型中包括听
说义传信标记。在世界语言范围内，言说动词的语法化发展存在这种类型
的并不十分常见。在普通话口语、彝语、闽语等方言中，我们发现了言说
动词用来表示"听说、据说"等传信义的现象。

　　刘鸿勇、顾阳（2008）指出"凉山彝语中引语标记和表示听说的示
证标记 di^{34} 都是由动词'说'演变而来的"，" di^{34} "作为示证标记表示信
息来源是听说而来的，并举例如下：

　　（12）a^{21} ndi^{21} hi^{34} mo^{33} mu^{33} ma^{33} ha^{33} dz^{21} di^{34}

　　　　　昨　天　天空　雨　下雨（示证标记）

　　　　　听说昨天下了雨。

　　郑良伟（1997）认为台湾闽南语中的"讲"可以作副词，在句首时
表示听说之义，还可以引出话题，提出假说。陈姿瑾（2003）指出台湾
闽语中的"讲"和"台湾国语"中的"说"都可以用作副词，表示"听
说"或引出话题，但二者在用法上不对称。

　　（13）a. 讲伊犹未转来啦。（台湾闽语，陈姿瑾 2003）

听说他还没回来。

　　　b. 说他还没回来啦。（"台湾国语"，陈姿瑾 2003）

听说他还没回来。

（14）讲伊□娶母，你有听侬讲无？（闽语漳平方言，张振兴 1992：114）

　　　听说他要娶媳妇儿，你听说过吗？

（15）甲：大喜是小喜哎？（山东金乡方言，马凤如 2000：197）

　　　乙：说是添喽个妮儿。

谷峰（2007）在研究上古汉语中"云"的语法化发展时，提到"云"在词义演变过程中曾经可以表示"听说义"：

（16）公稽海外有东鳀人，分为二十余国，以岁时来献见云。（《汉书·地理志》）

普通话口语中，"说"可以在不知道或不想明确指出消息准确来源的情况下表示"听说"或"据说"等传信义。

（17）说阳历五月最不利结婚，阳历六月最宜结婚，可是他们订婚已经在六月里，所以延期到九月初结婚。（钱钟书《围城》）

（18）大家都知道，我们中国人的老祖宗，黄帝以下就是尧舜禹了，尧的两个女儿娥皇女英，嫁给了舜做妻子，后来舜死了以后，两个妻子到南方去找他，一路走一路哭吧，后来在湖南那边，说哭的眼泪滴到竹子上成了斑竹，当然我们现在有那个品种了，上面有斑点的那种竹子。（梁归智"CCTV 百家讲坛·《红楼梦》的断臂之美"）

（19）说古代有一个谜语：什么谜语呢？它不是蜜可比蜜还甜；它不是毒药但是比毒药还毒；它不是花可比花还美；……（洪昭光"CCTV 百家讲坛·与健康手拉手"）

（20）曹雪芹用特殊的笔墨，宝玉进了门，站在那儿，贾政抬目一看，神采飘逸，那个秀气夺人，再一看贾环像个小野种。说贾政不觉得就把他平常厌恶宝玉的心情减去了几分，这个就说贾政内心是完完全全太爱这个孩子。（周汝昌"CCTV 百家讲坛·红楼梦的艺术个性（下）"）

（21）说王羲之写字他笔成冢，墨成池，他练字练得很勤奋，笔就埋了几个坟头，都是他写坏的笔，就是退笔冢，……（李刚田"CCTV百家讲坛·钤记中华（一）——书法"）

（22）这时候刘基出山了。说刘基能掐会算，他小的时候隐居山中，在山中忽然看见山里面开了一个门，上面有四个字，说"山为基开"。（毛佩琦"CCTV百家讲坛·《明十七帝疑案》（二）"）

（23）兔狲，这是名字也比较特，毛非常长的。主要分布在我们国家，像内蒙古这些寒冷的区域，说样子长得很特殊，毛也很长，名字也很特，大家应当能记住叫兔狲。（刘昕晨"CCTV百家讲坛·地球上的猫科动物（上）"）

三　列举

在汉语口语中，言说动词在一定的语境中可以用来表示列举。方梅（2006）指出北京话中"说"与表示例举的助词一起构成组合形式，举例如下：

（24）等到这，最近这几年哪，就实在是不常出去，特闭塞。有的时候儿，暑假里头，说上哪儿玩儿玩儿去什么的，也就是说，上北戴河呀，什么避暑山庄，啊，也就去这些地方儿。（调查）

普通话口语中言说动词也可以单用或与其他词语组合起来表示列举：

（25）情绪，能不能被我们记住，能不能被记住，或者是说你怎么知道你的情绪被记住了？比如我们经常会谈论一些事情，说我昨天特别愤怒，但是你说的时候，还会有昨天特别愤怒的整个的情景吗？（吴艳红"CCTV百家讲坛·神奇的记忆"）

（26）第三点，他能够做到与乾隆同悲共喜，共患难。这一点是很少有人能够知道的。说乾隆的母亲死了，乾隆这个人是非常孝顺他的母亲的，他孝顺到什么地步？每天命令宫女给他的母亲梳头……（纪连海"CCTV百家讲坛·正说和珅（三）乾隆不杀之谜"）

四 话题标记

言说动词用作话题标记也是其语法化发展的类型之一。汉语普通话中"说"常与其他一些词语组合使用，有的组合在频繁使用中产生了固定的用法。例如"说"与人称代词"我""你"组合形成"我说""你说"，具有提出话题、引起听话人注意等作用。不少学者已经对这类现象进行了研究，我们不再赘述。"说"有时也可以单用，引出话题。例如：

(27) 说喝茶，他就告诉你狮峰龙井、苏州的碧螺春，云南的"烤茶"是在怎样一个罐里烤的……（汪曾祺《异秉》）

(28) 现在我们接着讲下去，风俗歌讲完了以后，下一种类型的歌曲——叙事歌。说叙事歌，大家知道，它要讲故事，要讲传说，讲历史，……（田联韬"CCTV 百家讲坛·瑰丽多姿的少数民族民歌（上）"）

(29) 他就诉说往事，这个诉说往事，是用演唱，一段唱段来表现的，说当年咱们 18 年前，在寒窑外头怎么成的婚。说往事，仅仅是咱们两人知道的事，按老规矩，你就那干坐着，……（徐城北"CCTV 百家讲坛·铃记中华（二）——京剧"）

汉语某些方言中言说动词也常用来引出话题作话题标记，北京话中"说"可以单用或与其他词语组合使用引出话题（方梅 2006）。林华勇、马喆（2007）提出粤语廉江方言中的"讲"也具有提出话题用作话题标记的作用，常用于复句的前一分句中，后一分句对话题进行说明。台湾闽语中"讲"也有作话题标记的用法（陈姿瑾 2003）。

(30) 阿波仔啊，抑无考上大学讲，就回屋几耕田咯。（粤语，林华勇、马喆 2007）

　　　波仔啊，要是考不上大学的话，就回家种地啦。

(31) 所以呢我也挺喜欢那什么的，挺喜欢旅游的。可我现在还小哇，我上哪儿去呀？我将来就是什么呀，说考大学，如果考不上，我就连考两次。如果考不上了，我出北京市，不在北京待着，有这想法。（北京话，方梅 2006）

五　情态语气词

通过考察我们发现，言说动词虚化用来表示情态语气在一些汉语方言以及少数民族语言里并不是罕见现象，这些语法化而来的语气词多用在句末表示停顿、诧异、反问等语气。

(32) A-hui　siong　　kong　　A-sin　m　　lai　kong
　　　阿惠　认为　　讲　　　阿信　不　　来　讲
　　　阿惠认为阿信不会来了。（Simpson & Wu 2002）

台湾闽语里面的"kong（讲）"语法化程度很高，可以和作为标句词的"kong（讲）"同现，用在句尾，表示说话人强烈的肯定语气。例(32)中出现了两个"kong（讲）"，前一个"kong（讲）"用在动词"siong"的后面，用作标句词，引导从句，后一个"kong（讲）"则用在句末表示强调、断言语气①。海南屯昌闽语中"讲"也有表示说话人语气的用法，位于句尾表示说话人揣测或者意外的语气（参看钱奠香2002）。

(33) 喂，伊都去去喽讲。（屯昌闽语，钱奠香2002：188）
　　　咦，他怎么已经去了。

与闽语中"讲"位于句末表示肯定或揣测语气不同，粤语中，"话"用于句末表示疑问语气（如（34））或反问语气（如（35））。

(34) lei^5　　　sik^1　zo^2　　keoi^5　gei^2　noi^6　waa^2
　　　第二人称　认识　体标记　第三人称　多么　长　话
　　　你认识他/她多久了？（Yeung 2006）
(35) 去边话？　　　　　　　　（《汉语方言大词典》第二卷：3712）
　　　倒是上哪儿去啊？

---

① 根据 Simpson & Wu（2002）的研究，这种位于句尾表示语气的"讲"在最初的结构中是做主句中的标句词，具体情况我们下文详述。

除了闽语和粤语之外，汉语其他方言与少数民族语言中也有言说动词语法化用来表示语气的现象。西南官话中的云南玉溪话里，"说"用在句尾可以表示诧异的语气，如例（36）。欧阳觉亚（1985）指出在珞巴族语言中，"xantərta（说）"可以用作语气词，用在句尾，表示叙述的停顿或完结，如例（37）：

（36）没见过，马都会长角说！（云南玉溪话，《汉语方言大词典》第三卷：4475）

（37）tər minb savəmaq duni dʐurχaŋa nymkuŋ dudxujə Xxantərta.
　　　他　我　看见　　弟　朱尔朵阿　病　　躺　　说
　　　他见到我说，他的弟弟朱尔朵阿有病了。（珞巴族语言，
欧阳觉亚 1985：110）

近年来在网络语言中出现了一种新颖的现象：在一些句子的末尾使用"的说"二字（如（38））。这种出现在句尾的"说"没有实在意义，多用来表示停顿、省略，甚至只是说话人为了使自己的话语不那么强硬或者不想自己的话语结束得过于单调、为了显得比较可爱等，虽然只是网络语言中的用法还没有广泛流行开来，但不可否认这也是言说动词"说"语法化的一种现象，已经为越来越多的人理解、接受甚至使用。"说"的这种语法化类型的产生与语言之间的接触密切相关。首先，台湾闽语中"讲"语法化可以用作语气词，由于语言接触等的影响，"台湾国语"中的"说"也发展出作语气词的用法，其用作语气词现象的丰富灵活程度并不亚于闽语中的"讲"，"说"可以用在句首或句末表示说话人的感情态度，用来加强说话人的主观感情和态度表达的生动性（Su 2004，Wang et al. 2003）。如（39）。其次，同样由于语言接触等的作用，大陆普通话尤其是网络语言中"说"也出现了语气词用法。大陆和台湾在各方面尤其是文化艺术上的交流日益频繁，大陆的年轻人接触到更多的台湾影视文化作品，不可避免地接触到"台湾国语"甚至受其影响，这种影响最先反应在语言使用、语言创新最为活跃的网络语言中，大陆网络语言中因此出现了这种类似"台湾国语""说"的语法化用法，即是由一系列的语言接触引发的语法化（吴福祥 2008）。

（38）a. 果子称莎梨或太平洋温梼。可以吃但很酸。在大马居住时看见过，但貌似不太好吃的说。（《英语里的梵语（整理中）A 字》来源于北大 BBS 博客 下同）

b. 最后一张海报里的香水很好闻的说。（《THE models 2》）

c. 这个 BLOG 使用起来似乎不是很爽的说。（《第十八本——也忘了》）

d. 现在自己对商务穿着有些重视了，衣服是脸面的说，也是对别人的一种尊重。（《五一节快乐》）

（39）对啊！我觉得徐淑媛好可怜说…（Wang，Katz & Chen 2000：203）

六　标句词

言说动词语法化的多种路径中不可忽视的一条就是标句词。由言说动词逐渐发展而来的具有连接从句作用的标句词在世界许多语言中都存在，言说动词已经成为一些语言中标句词的主要来源之一（Heine et al. 1991）。汉语中也存在很多言说动词语法化用作标句词的现象。为行文方便，下面将汉语中言说动词语法化用作标句词的现象单独作为一部分进行讨论。

第三节　言说标句词

"标句词"概念最初指的是补足语从句标记，即充当谓语必要论元的小句的标记词。标句词理论在几十年的发展历程中，其内涵与外延发生了重要变化，与最初的概念所指早已天差地别。本书从更广泛的意义上将许多具有相似句法特征和句法表现的现象统一考虑，对标句词这一概念进行了重新界定，即标示如句子属性、句类、句子情态（包括语气）和句间关系等多数全句功能范畴的、位于句子三个敏感位置上的语法标记词都是标句词。其中标示补足语从句（如主语从句、宾语从句和表语从句等）的这一类是最传统意义上的标句词，而由言说动词语法化发展而来的标句词则是这一类的典型代表。

一　言说标句词的语法化历程

有关从言说动词到标句词的重新分析，研究最深入的是 Lord

（1976）。Lord（1976）发现非洲语言、亚洲语言和大多数尼日刚果语族（Niger-Congo）中有 29 种语言存在从言说动词重新分析而来的标句词，为标句词能够从言说动词重新分析而来提供了大量跨语言证据。其中一些相关研究已经表明，汉语中也存在言说动词语法化用作标句词、用来引导命题性补足语小句的现象。在言说动词语法化用作标句词的路径中，除了用作传统意义上的补足语从句标记之外，还可以引导其他一些从句。

言说动词语法化用作标句词是具有普遍性的语法化路径。在 Heine & Kuteva（2002）提出语法化的四阶段假设（initial stage > bridging context > switch context > conventionalization）的基础上，Xu & Matthews（2005）进一步提出汉语中言说动词朝着标句词方向语法化发展的四个阶段，而 Chappell（2008）则进一步根据不同方言中的具体情况进一步细分为五个阶段：

初始阶段：用作言说动词。在语法化的初始阶段，言说动词用作动词，可以进行否定、加体标记和情态动词，其后可以跟上直接引语或间接引语。汉语多数方言中都有这种用法。

准标句词阶段：言说动词用在其他言说义动词后主要用来起介引引语的作用，但还未丧失其词汇意义。这个阶段的用法类似一个连动结构，前一动词多为言语行为动词和交际动词如"问、告诉、建议"等，后一动词则具有了新的语法意义即引导其后小句的连接功能，但并没有丧失词汇意义。两个动词之间可以出现直接宾语、介词短语和插入其他一些小品词。两个动词的语义仍然是合成的，后一动词的词汇语义相对较轻。

标句词阶段：在这一阶段言说动词已经完全发展成为标句词。首先，第二个动词已经不能像动词一样被其他成分修饰或限定；其次，它可以用在认知动词如"认为、计划"等后面，这个结构已经不再用来引导引语而是用来引导各种命题。第二个动词原始的词汇意义与其新的语法意义不相符。两个词语之间不能插入任何成分，构成了一个紧密的整体。这个阶段是言说动词语法化的转折点，可以与其共现的主动词的语义类别比之前的阶段增加了很多。粤语中言说动词正在朝着用在认知动词和感知动词后做标句词的方向发展。

动词种类扩充阶段：在发展出标句词用法之后，能够与言说标句词共现的动词类型在语法化的进程中逐渐增多，一些表示情绪和状态的动词也能够带上言说标句词，它们在语义上接近于感知动词。这一阶段中，标句词和主动词之间在句法上的融合性更强。北京话中言说动词的语法化已经发展到这一阶段。

规约化阶段：言说动词语法化用作标句词的最后阶段是其可以与情态动词共现，"台湾国语"、台湾闽南语和潮州南部闽语已经达到这一阶段。

言说动词语法化用作标句词的现象已经在汉语多个方言中得到证实，但其语法化程度在不同的方言中存在差异。言说标句词能够共现的动词种类是言说标句词语法化程度的重要体现。其中发展较为成熟的是闽语，其次是北京话和粤语。这主要表现在闽语中能够与言说标句词共现的动词种类最多，且言说标句词能够与其源动词共现而中间不用插入其他成分，而在粤语和北京话中言说标句词一般不能与其源动词在中间不插入任何成分或停顿的情况下共现。就上述语法化的发展阶段来说，泗县客家话达到了第二阶段即准标句词阶段，粤语和北京话达到了第三阶段即标句词阶段，而闽语中言说动词语法化用作标句词的用法已经非常成熟，已经达到最后的规约化阶段。

二　方言中的言说标句词

言说动词在语法化初期用在其他言说相关动词、告知类动词之后作引语标记介引直接引语或间接引语的基础上，可以与更多类型的动词（如认知义动词、感知义动词、静态动词和情态动词等）共现，意义更加虚化，成为用来介引补足语从句的功能语类标句词。在一些汉语方言和少数民族语言中都存在这种现象，如闽语、粤语、北京话等。其中闽语言说动词语法化的程度最高，其用作标句词的现象最为普遍。我们将这种由言说动词语法化发展而来的标句词称作"言说标句词"。

（一）闽南语中的言说标句词"讲"

汉语方言中，言说动词语法化发展程度最高的是闽南语，其主要言说动词"讲"在语法化的过程中发展出了多种原本动词所不可能有的语法意义与功能，如用作话题标记、用在句尾表示情态语气、和其他成分一起表示目的或条件等等。Chappell（2008）通过量化分析证明，在闽语中"讲"的多种语法化用法中，使用最为频繁、语法化程度最高的则是其标句词用法。闽南方言是汉语方言的重要组成部分，它的使用区域非常广，主要包括福建南部、台湾全省、广东潮汕地区、广西柳州、海南地区、浙江温州、江苏宜兴、江西上饶等，是一个超地区、超省界、超国界的方言

（林宝卿 2007）。而言说动词语法化用作标句词这一现象在闽南话的多个使用地域都有体现。

郑良伟（1997）指出台湾闽南语中与标句词"讲"一起搭配的动词多为说话类（如"通知"）、询问类（如"问"）和认知类的动词，但后来学者们在研究中发现与"讲"搭配的动词远远不止这几类。陈姿瑾（2003）指出"讲"也有用在企图动词、承诺动词和沟通动词等后面做标句词的现象。

> （40）Goa　siongsin　kong　（＊goe）　l　I-teng　bo　phian　goa.
> 　　　我　　相信　　讲　体标记　　他　一定　没有　撒谎　我
> 　　　我相信他一定没有对我撒谎。（闽语，Hwang 1998）

李如龙（2007）指出闽南语厦门话中常用动词"讲"，它常常可以出现在述补成分之间，用作一种虚化成分，前面的述语通常是"想、打算"之类的有关意念的动词，后面的补语则是表示意念的内容或是某种状态，可以归为状态补语，"讲"在语音上发生了一定的变化。这里的"讲"其实就是用于述语和补足语小句之间起连接作用的标句词，其已经基本上丧失了词汇意义。

> （41）我想讲卜倒去两日。（厦门话①，李如龙 2007）
> 　　　我想要回去两天。
> （42）拍算讲叫伊来参详蜀下。
> 　　　打算叫他来商量商量。
> （43）我搁讲汝唔来啊。
> 　　　我以为你不来了。
> （44）伊无想讲会拍输。
> 　　　他没料到会打败了。

厦门话中的"讲"还可以置于兼语结构中，这种句型的前一个述语往往是"言说思想"类的动词，后面的成分则是前面述语所述说的内容。

---

① 这一部分中的厦门话例句都引自李如龙（2007）。

其中的"讲"语音不发生弱化，可见其意义还没有完全虚化。

 （45）伊四常嫌我讲作息伤慢。
   他常常嫌我干活太慢。
 （46）头家叫侬讲唔通放工去看伊。
   老板叫人家不要放下工作去看他。
 （47）伊主张讲着接受建议。
   他主张要接受建议。
 （48）我甘愿讲了本卖伊。
   我情愿亏本卖给他。

  闽南语厦门话中这些出现在述补句或兼语句中的"讲"，在普通话里都是不必要的甚至在合法的句子中是不允许出现的。
  另外，作为福建闽南地区形成最早、历史影响最大的闽南方言代表的泉州话，和厦门话的主要区别之一是把厦门话中带宾语的言说动词"讲"换成"说"，并且厦门话中语法化了的"讲"在泉州话也一律都改成"说"，但其在语音上未发生弱化。

 （49）伊无想说会拍输。
   他没料到会打败了。

  厦门话和泉州话中的"讲、说"都可以替换成"叫"：

 （50）我想叫伊唔来唠。
   我以为他不来了。
 （51）我煮的菜伊说叫伤咸。（泉州话，李如龙2007）
   我烧的菜他说太咸。

  广东潮汕地区所使用的方言也属于闽南语。在潮州话中，泉州话中的"说"和厦门话中的"讲"、"叫"都对应成"呾"，并且潮汕话中的"呾"用在述补或述宾结构里做标句词的现象比厦门、泉州话里更加普遍。

（52）a. 知道你调转来汕头。（施其生 1990）

知道你调回了汕头。

b. 惜伊呾知头尾。

疼他懂事。

c. 睇呾条索可会耐。

看看那条绳子结实不结实。

d. 小王呾呾明日有事无变来。

小王说明天有事不能来。

施其生（1996）指出"呾""总是出现在两个谓词性成分之间，使两个谓词性成分组合为一个较大的成分，再与别的成分发生句法关系。'VP₁呾 VP₂'中，VP₁和 VP₂不能移开或去掉一方，可见是个起联结作用的虚词。"这个起联结作用的虚词其实就是标句词。在潮州话里，带虚词"呾"的述补、述宾句型用得比闽南本土更加广泛。

可见，在闽南语的多个方言中，即使所使用的言说动词不尽相同，但言说动词多数都有语法化用作标句词的现象。"讲、说、呾"类动词置于述补、述宾中的这种虚化联结功能其实就是标句词用法，已经是闽南话的共同特征，但在发展的过程中，不同的闽南话之间在这种标句词用法上存在着一定的差异。Chappell（2008）指出台湾话中的"讲（kong）"可以出现在一些情绪类动词和静态动词等一些正常情况下不可能带补足语小句的动词后做标句词。潮州话和台湾话中的言说动词都已经完成了向标句词发展的全部阶段，潮州话中言说动词语法化已经高度成熟，已经完成了朝着标句词发展的所有阶段。潮州话中的"呾"不仅可以出现在两个"呾"连续共现的句法环境中，并且"呾"做标句词的用法已经规约化了，表现为当其出现于认知、感知动词之后时，标句词"呾"是必须出现的成分。语法化本身就是一个历史演变的过程，从纵向说是由量变而质变，不同阶段有不同的先后表现；从横向说，不同地域会显现出共时的差异。

（二）粤语中的言说标句词"话（waa6）"

粤语中的言说动词"话（waa6）"也发生了语法化现象，演变出多种不同的意义和用法（Yeung 2003、2006）：

第一，它可以用作表示言说义的动词，选择一个 CP 做其补足语，中间可以有一个可选型的介词短语 PP（Preposition Phrase），或者是选择一个介词短语和一个名词短语；

第二，"话（waa6）"可以用作意为"责备"的及物动词，后面可以带上一个名词短语 NP（Noun Phrase）和一个可选型的 CP（Complementizer Phrase）；

第三，"话（waa6）"可以用作标句词，引导一个 IP。

粤语中"话（waa6）"的多种意义和用法可以用（53）来表示（Yeung 2006）：

(53) $waa6_1$ 言说动词   不及物动词：__（PP）CP
                          及物动词：__PP NP
     $waa6_2$ "责备"   及物动词：__NP（CP）
     $waa6_3$ 标句词：__IP

就粤语中"话（waa6）"用作标句词的现象来说，其可以与很多谓词共现用作标句词引导补足语小句。这些谓词主要可以分为以下几个大类：

(54) a. 言说动词：说（"gong2"）、讨论（"king1"）、问（"man6"）、回答（"daap3"）

b. 认知/感知动词：认为（"gok3dak1"）、希望（"hei1mong6"）、看（"tai2"）

c. 信息动词：通知（"tung1zi1"）、写（"se2"）

d. 其他谓词：是（"hai6"）

e. 英语谓词

香港粤语中"话（waa6）"用作标句词一个有趣的现象是，它在语流中甚至可以用在一些英语谓词之后引导补足语从句，如：

(55) ngo5 dou1 m4 EXPECT waa6 [zan1hai6 wui5 hai6]
     我   都   不   EXPECT   话   真的   会   是
     我不希望会是真的。

这种现象与粤语使用者尤其是香港人日常的言语习惯有关。由于香港特殊的历史背景，英语在香港的普及程度很高，香港人日常生活中主要使用的就是粤语和英语，并且两种语言的使用频率大致相当，这种双语使用状态使得语言迁移成为很自然的现象。香港人在使用粤语时一个极为常见的现象就是粤语中会夹杂很多的英语词汇，而句法还是粤语的句法，因而就出现了（55）中的现象，即英语词汇和粤语句法混用。说话人用单个的英语词汇代替句中某个粤语词汇，但句法还是粤语的句法，依然还是在动词后面用标句词"话（waa6）"引导补足语从句。

另外，在粤语中，不允许两个"话（waa6）"前后相邻出现的现象（Hwang 1998），这是由于强制曲拱原则（obligatory contour principle）的作用，即一个表征式中不允许有两个相同的邻接成分。Chao（1968）提出的掉音（haplology）规则（即汉语单句中两个音节相同的邻接成分中的第二个必然会被省掉或删除）也是这个原因。但如果两个"话（waa6）"之间有体标记、小品词或停顿进行阻隔的话，两个"话（waa6）"就可以共现。

(56) keoi5   zau6   lam2   waa6   m^4 dak^{1}haan^4 daan^6
第三人称   认为   说   否定   空闲   但

hau^{6}mei^1 jau^6 lei^4_   zo^2.
最后   但   来 体标记

他（她）真的认为他（她）没有空但最后他（她）来了。
（Yeung 2006）

(57) keoi5   waa6   (＊waa6)   heong1gong2   hou2 dei6fong1
他/她   说   (＊waa)   香港   好   地方
他/她说香港是个好地方。（Hwang 1998）

(58) a. keoi5 waa6_ gwo3   waa6   [$_{IP}$ m4   dak1haan4   lai4]
他   说_过   WAA   没   空闲   来
他说过他没时间来。

b. keoi5 waa6_ le1   waa6   [$_{IP}$ m4   dak1haan4   lai4]
他   说_ 了   WAA   没   空闲   来
他说了他没时间来。

c. keoi5 waa6 <p>   waa6   [$_{IP}$ m4   dak1haan4   lai4]

他　　说<停顿>　　WAA　　没　　空闲　　来

他说他没时间来。（Yeung 2006）

　　但在潮州话和台湾闽语中，言说动词和言说标句词之间可以毫无阻隔地共现，究其原因，与这两种方言中言说动词语法化的程度相对较高有关。

　　在 Chappell（2008）的研究中，也发现了少数"话"紧跟其前的言语行为动词或认知动词用作标句词的现象，这与粤语中言语行为动词或认知动词与其后的标句词之间的联系相对较为松散有关，二者之间常常会出现直接宾语或体成分等等，如：

（59）我　有　　谂过　　话　你　储　不如　　摆　　喺　我
度　啦　咁　我　keep-住 [...]
　　　　　　我曾经想过如果你存钱的话，为什么不把钱放在我这儿，我会看好的。（Yeung 2006：32 比原文有改动）

（三）北京话中的言说标句词"说"

　　方梅（2006）考察了北京话里"说"的语法化现象，提到"说"的演变有两条路径：一是言说动词虚化为补足语从句标记即标句词，二是从言说动词虚化为虚拟情态从句标记。其中"说"最早与言说动词、感知动词搭配，引导直接引语或间接引语，进一步虚化，可以出现在认知动词、静态动词或系词之后，用作准标句词，如：

（60）我觉得人格的魅力不在于说他读过了多少书，在世界上在哪个领域有多辉煌，可能有的时候他有很多作为一个人的最基本的标准是我最欣赏的。（北京话，方梅 2006）
（61）需要解决的问题是说，城市人口的就业观念要改变。（同上）

　　方梅（2006）认为这些与认知动词、静态动词和系词搭配使用的"说"，已经逐渐丧失了言说动词本身的言语行为意义，具有了标句词的关键功用即引导从句，但"说"仍以连动结构后项动词的形式出现，其后的小句在句法上自足，所以还属于尚未完全虚化的标句词，看作"准标句词"。

准标句词"说"进一步虚化，之后完全脱离连动结构，从具有独立词汇意义的实义词向具有语篇衔接功能的功能词虚化。方梅（2006）概括出了标句词"说"应该具有的四种特征，即：

A. 表示小句之间的句法关系，不表示行为；

B. "说"完全丧失动词的句法属性，不能像谓语动词那样被副词修饰、附加时体成分；

C. "说"附着在小句的句首；

D. "说"所在的小句句法上不自足，不能独立进入篇章。

北京话中的标句词"说"可以用作宾语从句标记和同位语从句标记：

（62）大家想问您的是，说如果他们想去可可西里，他们应该有什么样的准备。（北京话，方梅 2006）

（63）而且社会上还会传出谣言，说这几个人都跟吴士宏谈过恋爱。（同上）

北京话中"说"用作标句词的语法化发展已经较为成熟，已经达到语法化发展的第四个阶段，成为言说动词语法化作标句词发展程度仅次于闽语的汉语方言，其语法化发展的成熟主要体现在共现的动词已经涉及多种类型如系词和静态动词等，并且"说"与主动词之间的关系逐渐疏远，而与其所引导的从句关系更加紧密，在语音等方面属于一个整体，更能显示出其用作从句标句词的句法功能。

"台湾国语"中主要的言说动词"说"也发生了一系列的语法化现象，其中就包括用作标句词，并且其用作标句词的语法化程度较高。其中不可忽视的一个原因就是语言接触的作用。台湾闽语中"讲"的高度语法化，使得操双语（闽语和国语）的人们在使用其中一种语言时不自觉地会受到另一种语言的影响，从而将另一种语言中的句法和词汇等直接搬到当前使用的语言中，长期使用之后，就有可能固化下来。"台湾国语"中的"说"在很大程度上受到了闽语中"讲"的多种用法的影响，其语法化程度也达到了语法化发展的最后阶段，在我们所收集的"台湾国语"口语语料中，"说"用作补足语从句标记的现象极为常见并且语法化发展较为成熟，可以与多种类型的动词共现，如言语行为动词、认知动词和情态动词等，但就成熟度而言，尚不及闽语中的"讲"。

（64）他们不知道说，系里面最近有什么样的事情。（Chappell 2008）

（65）我总是希望说尽一点点的绵薄之力让这个世界更美好。（《女人我最大》2008 年 12 月 1 日）

（66）我一直觉得说丽雯是你们三个里头症状最轻的。（同上）

（67）测试出来证实说真的有效，他们才推出来。（同上）

（68）那么大陆读者的巨大反应才使我知道，说原来大陆人对于现在在他身边所发生的这种巨大的改变，其实是他心里的痛或者说一种灵魂的流离。（龙应台"CCTV 百家讲坛·全球化了的我在哪里（下）"）

（四）其他方言及少数民族语言中的言说标句词

除了言语动词语法化用作标句词发展最为成熟最具代表性的闽语、粤语和北京话之外，其他一些汉语方言和少数民族语言中的言说动词也出现了用作标句词的现象，主要包括泗县客家话、侗台语榕江话、靖西壮语等。

在汉语其他方言以及少数民族语言中，言说动词语法化用作标句词虽然不如闽语粤语等发展成熟、有系统性，但也能见到一些"说"用作标句词的用法，有的甚至有非常丰富的表现，特别是靖西壮语中，"说"能用在很多动词后面介引宾语从句：

（69）ghe$^{1/}$i^1 li^3 ȶhiŋ$^{5/}$ pa：u^5 tu^2 su^{1}su^1 ȶa^6 təi^1 pa：i^1 la^4,
　　它们 一 得知 说 只 狮子 那 死 去 了,

çu^6 çet^9 ka：n^4 çe^1 ma：u^6
就 都 感 谢 它

当它们听到狮子已经死了，都很感谢它。（侗台语榕江话，倪大白 1990：83-94）

（70）θiŋ^{3}kjɔ：i^6 ja^4 khən^3 pai^1 wa^4 me^{6}ta：i^5 kam^4 khau^3 mɔ：i^5
　　想要 说 上 去 跟 岳母 借 米 新

想上去跟岳母再借些米。（靖西壮语，郑贻青 1996：

289—293）

（71）tsou³ tsei⁶ ja⁴ lun² tsu⁵ tsiŋ⁴ mei² mou¹ mei² kai⁵ man⁵
　　　就　是　说　家　都　养　有　猪　有　阉鸡

au¹ po⁴ kwa⁵ tsiŋ¹ ha³
要　放置　过　年　了

家家户户都养着猪呀、阉鸡呀等着过年了。（靖西壮语，郑贻青 1996：302—307）

（72）据说讲辣辣历史上用"上海"两个字当作称呼个有名人物，只有徐光启一家头。（上海话，许宝华等 1988：525）

江荻（2007）指出藏语中充当宾语的小句往往要带上句子标记，这些标记具有名词化的作用，它们将谓词性句子或句子省略形成的谓词性短语转化为名词性成分。这种句子标记其实就是标句词，藏语中这类标句词所起的作用就与句子属性有关，将独立的谓词性小句或短语转化为名词性的从属性成分，从而充当动词的宾语。藏语中有丰富的小句宾语标记，致使动词句小句宾语标记"ru"（江荻 2006），表示正反确证义的小句名物化标记"yod med（有无）""yin min（是否）"（周季文、谢后芳 2003）等等，其中有一类就是由言说动词发展而来的，书面上写作"ze、se、zhes、zer"等。

"zer"本身是实义动词"说、讲"之义，有两种动词语义用法，表示"称为、叫做"时带名词受事宾语，而表示"说、讲、谈"时带小句宾语。与汉语中"道"的语法化发展历程一样，本来是核心言说动词的"zer"逐步丧失了其核心地位，被其他言说动词取代，语义上逐渐虚化、语法功能也不断减弱，zer 逐步发展称为一种标记，语音上读为轻音。在拉萨话中"zer"语法化后写作"ze"或"se"，语音上也发生了轻音化，读作［se］或［e］。这种"zer"类宾语小句标句词主要用在其他类的言说动词［如"skad brgrab（喊）""knyab bsgrags gnang（公布）"等］之后引导和标记宾语小句。

（73）mi-tshang-mas gsol-gsol kye-kye lha-gsol-lo lha-gsol-lo
　　　大家-Ag　　　索索　　杰杰　敬神　　　敬神

se　　　skad-brgyab　nas　rtsam-pa　gtor　gyi-red

　　　　　cNom　　　　喊　　　c　糌粑　　撒　　Asp

　　　　大家喊"敬神敬神"，把手中的糌粑撒出去。（藏语，江荻
2007）

　　（74）mavo-kruvu-zhi sku-ngo-mas gnam phyed-ka bud-med

　　　　　毛主席　　　　　亲自-Ag　　天　一半　　妇女

　　　　kyi　yin　zer　khyab-bsgrags-gnang　ba-red

　　　　Gen 是 cNom　公布　　　　　　　Asp

　　　　毛主席亲自公布说妇女是半边天。（同上）

　　（75）bus　　　nga　ang rtsis yag shos yin zhes（zer）lan-btab

　　　　儿子-Ag　我　y　数学　好　最　是　cNom　　回答

　　　　儿子回答，我数学最好。（同上）

　　从上述例句可以看出，作为 SOV 语序类型的藏语中，言说标句词的句法位置与藏语的基本语序类型具有一致性，位于其所引导和标记的小句的句尾位置，即小句和动词之间，符合 Dik（1997）所提出的联系项原则①。

　　另外，据 Chappell（2008）的调查，台湾桃园泗县的客家话中，言说动词的语法化程度也达到了准标句词阶段，主要用在言语行为动词后面介引直接引语或间接引语。

三　普通话中的言说标句词

（一）言说标句词"说"

　　受多种因素的影响，普通话口语尤其在活跃的网络语言中，"说"也出现了少量用在心理、认知、书写等动词，以及系词的肯定或否定形式后引导动词后的补足语从句，起连接作用的现象，这种用法不仅为多数人所理解，而且在言谈中许多人已经不自觉地会用到。

　　（76）去了之后效果也不大，有的适应不了北方游牧民族的生活，那么王昭君去她是做得比较好的，而且我看有的史书写，说王昭

---

　　① Dik（1997）指出，联系项的优先位置是位于其所联系的成分之间，而当联系项位于其中某个成分上时，其会出现在被联系成分的边缘位置。

君出塞一下就把王公贵族那些千金小姐比下去了，……（李建平"CCTV 百家讲坛·铃记中华（五）——长城"）

（77）所以任何一个游戏中，都有无数怀才不遇的人。这个不是说在游戏内部程序上的不公正导致的，说没有人发现它；而是这个游戏规则本身规定了，说它本来是有才的，把它规定成没有才的。（赵汀阳"CCTV 百家讲坛·博弈问题的哲学分析"）

上面提到的都是言说动词用作标句词引导动词宾语从句的现象，但传统意义上的标句词作为补足语从句标记，它还包括介引同样充当谓语必要论元的主语从句和表语从句的标记词，如英语中的"that"是典型的标句词之一，它既可以引导宾语从句同时也可以引导主语从句等其他名词性从句。我们在考察中只发现一例"说"用作主语从句标记①：

（78）说性别角色的标定以及按照性别角色规定的这些东西来行事，实际上是我们生活中一个非常重要的内容。（郑新蓉"CCTV 百家讲坛·妇女与教育"）

（79）我的意思是说暂时先不要把真实的情况告诉大家，以免影响大家的工作情绪。

（80）他本来的目的可能是想说稳住大家再说。

上例是口语中常见的句子，这些句子中带不带"说"对句子意义完全没有影响，"说"的作用就是标明动词"是"后的结构是一个句子，使原本独立的句子变成从属性的小句、用来充当动词的宾语。如果后面是个名词的话，那么"是"后就不能出现"说"：

（81）a. *我的意思是说明天。
　　　 b. 我的意思是明天。

_____

① 有关此例的解读，不同的人可能会有不同的解读方式，此例中对"说"和其后成分的关系的不同理解会影响对"说"的语法性质的界定。这里我们暂且认为"说"的辖域只包括"性别角色的标定以及按照性别角色规定的这些东西来行事"，"说"引导这个小句做后面成分的主语从句。

可见，这里的"说"的关键作用，一是改变句子的属性，将其所引导的独立的句子变为从属；二是引导从句，从形式上对其进行标记。

（二）汉语中的言说标句词"道"

刘丹青（2004）对汉语中的"道"进行了深入的研究，指出汉语中出现在某些"V道"结构中的"道"，要求后面有一个补足语小句作为前面 V 的内容宾语，这时的"道"是一个关系性或连接性的语法标记，表示其后的成分为前面动词的内容宾语小句，其实际上就是内容宾语小句的标记即标句词。

与标句词"道"共现的动词主要包括言语行为类动词、写作书写类动词和思维行为类动词。

（82）一个担任司仪的高年级同学高升喊道："唱——校——歌！"（汪曾祺《故里杂记》转引自刘丹青 2004）

（83）她用绿笔在"棍面包"底下划了一道，批道：我知道了。（王小波《白银时代》转引自刘丹青 2004）

（84）小吕……过了一会，不知道为什么，又在心里想道："真好！"而且说出声来了。（汪曾祺《看水》转引自刘丹青 2004）

汉语中用作标句词的"道"一般都不是绝对强制的，而是可选的。"道"在引导直接引语和间接引语小句时，如果直接引语和间接引语可以通过人称区分的话，那么直接引语一般要用"道"，而间接引语则不用"道"；而"台湾国语"中的标句词"说"则既可以引导直接引语又可以引导间接引语小句。由于"说、问、想"这些基本的言语、思维类动词本身就可以带内容宾语小句，因此标句词"道"在许多情况下是可以省略的，但一些直接带内容宾语小句能力较差的言语、思维类动词就必须使用标句词"道"。（刘丹青 2004）

（85）a. 秦老吉正在外面拌馅儿，听见女儿打闹，就厉声训斥道："靠本事吃饭，比谁也不低。麻油拌芥菜，各有心中爱，谁也不许笑话谁！"（汪曾祺《三姊妹出嫁》转引自刘丹青 2004）

　　? b. 秦老吉正在外面拌馅儿，听见女儿打闹，就厉声训斥："靠本事吃饭，比谁也不低。麻油拌芥菜，各有心中爱，谁也不许笑话谁!"

（86）a. 谭凌霄常窝火，在心里恨道："好小子，你就等着我的吧!"（汪曾祺《皮凤三楦房子》转引自刘丹青2004）

　　*b. 谭凌霄常窝火，在心里恨："好小子，你就等着我的吧!"

上面两个例子中的b句相比a句都省略掉了标句词"道"，句子的可接受程度则大大降低了。可见，针对这些动词来说，"道"是引进内容宾语的关键手段，动词后出现标句词"道"与否影响着句子的成活或可接受程度。

对照Chappell（2008）所提出的言说动词语法化的五个阶段，根据"道"用作标句词所表现出的特征，"道"语法化用作标句词已经达到了第四阶段，因为"道"可以用在表示情绪和状态的动词后引导宾语小句，其和主动词之间在句法上的融合性很强。Chappell（2008）认为北京话中的"说"用作标句词也是达到了第四阶段，但"说"语法化的程度比"道"更高，因为北京话中的"说"可以与更多种类型的动词共现用作标句词，如"是"等。

从历时的角度来看，"道"用作内容宾语标句词在宋元之交就已经完成，但"到现代汉语口语中，'道'的标句词用法已经衰落，但在书面语言中尤其是叙事类作品中仍然活跃，成为书面语的一个标句词。"（刘丹青2004）普通话中的"说"在语法化的历程中也越走越远，出现了很多语法化用法，在口语中偶尔也可见到"说"用作标句词的现象，并且越来越活跃。相比"说"用作标句词等虚化用法越来越活跃，"道"作标句词的用法则几乎已经处于停滞状态，这与语言发展历程中主要言说动词的历史更迭即"说"在语言发展过程中逐渐取代"道"等其他言说动词成为核心言说动词有着密不可分的关系。

（87）我的意思是说明天去可不可以。

（88）校长的意思并不是说不要你去，而是说不想你这么早就去。

四　言说标句词语法化程度的方言差异

言说动词语法化用作标句词在汉语方言、少数民族语言甚至普通话中都已不再罕见，不同语言中相关成分的标句词用法在语法化发展程度上存在差异，但其共性在于言说动词用作标句词仍然是可选的，它们还保留着所有词汇用法，仍可以用作动词。由于语法化发展程度的差异，不同语言中的言说标句词在句法上呈现出了很多差异，如能与其共现的动词种类的多少，能否与其源动词共现等等。台湾闽语中言说动词语法化的程度比其他方言高，言说动词可以与其他广义言说动词、认知义动词、感知义动词、状态动词等多种类型的动词共现，用作标句词介引补足语从句，并且可以直接和其源动词一起使用，中间无须任何插入性成分或停顿；而相比之下语法化发展程度较低的方言或民族语言中，言说标句词只能用在种类有限的动词之后作标句词，且其与源动词一般不能共现，即使能够共现，二者之间必须要有停顿或插入其他一些小品词。

五　同位语从句标句词

英语语法中将在复合句中用作同位语对名词的内容加以具体说明的小句叫做同位语从句。我们这里借用此术语来指称汉语中起到这种作用的小句。同位语从句可以看作是名词的补足语从句，因此引导同位语从句的词也是标句词。言说动词语法化用作同位语从句标记，在汉语方言及少数民族语言中都有体现。方梅（2006）提到北京话中"说"用作释名从句标记引导小句对句内名词性成分语义内涵进行解释，在语义上具有"同一性"。随利芳（2007）明确指出"说"和"道"一样也可以用作同位语从句标记。通过对一些普通话口语语料的考察分析，我们发现了大量"说"引导同位语从句对前面名词进行具体解释的现象，这些名词主要集中在表示言语行为意义的名词如谣言、议论、瞎话、新闻、说法、电话等，文本类名词如信件、情报、布告、短信、史料、奏章等等。

(89) 他就一定要交上朋友，他就和同宿舍的一个男同学形影不离，后来呢这个同学感到听到一些议论，说两个小伙子为什么总黏一块儿？（孙云晓"CCTV 百家讲坛·从同伴关系看独生子女"）

(90) 回校只见告白板上贴着粉红纸的布告，说中国文学系同学今晚七时半在联谊室举行茶会，欢迎李梅亭先生。（钱钟书《围城》）

(91) 可是，又有谁定下了规矩，说梅尚程荀的传人们，一招一

式，一板一眼，必梅必尚必程必荀，不能越雷池一步？（《皇城根》）

（92）朱元璋得到报告，说户部的侍郎郭桓和北平的布政司李彧、赵全德勾结起来作弊，作的什么弊呢？（毛佩琦"CCTV 百家讲坛·《明十七帝疑案》（四）"）

（93）她说，有一个谣言，说她和一个男的在街上一起走，停在一个摊子面前，这个男的给她买了一双吊袜带。（止庵"CCTV 百家讲坛·《张爱玲的残酷之美》"）

（94）开头，沈阳来电报，说锦州会源源不断补充兵员弹药，还有大炮。（北京大学语料库）

（95）最后康熙得到人们的密报，说父王您知道晚上有这么个情况吗？说什么情况？（刘心武"CCTV 百家讲坛·《帐殿夜警之谜》"）

（96）他吃馋了，他天天到这个地方来，吃人家那个饭。那个女的也真是一片真情，天天给他饭，数食，成了个典故。说又贪又馋，没出息，韩信。写这个干吗，很显然，刚才我说的清人那些记载里面，就有无衣无食寄居亲友家。（周汝昌"CCTV 百家讲坛·曹雪芹其人其书（下）"）

（97）不久，上面又来了新指示，说要没收（也说是征用）这个大院的一部分，实际上是三分之二的房子。（北京大学 CCL 语料库）

（98）然而谣言很旺盛，说举人老爷虽然似乎没有亲到，却有一封长信，和赵家排了"转折亲"。（鲁迅《阿 Q 正传》）

"说"这种用在某些名词后，引导一个小句作同位语从句的用法，与英语中的标句词 that 非常类似：

（99）a. He told me a good information that I have been offered a position.

　　　 * b. He told me a good information I have been offered a position.

"that"引导了一个对前面的名词消息"information"的具体内容进行说明的小句，此处的"that"用作同位语从句标记，不能省略。

在某些汉语方言和少数民族语言中言说动词也有用作同位语标记的现

象，如粤语和畲族语言。（100）中，粤语中的主要言说动词"话"后面引导的小句就是前面"电话"的具体内容，是对前面名词的具体解释和补充。畲族语言中也有"讲"引导同位语从句的现象，如（101），"kɔŋ(3)"（"讲"）引导从句对"红纸"上的具体内容进行了说明。

（100）杨姨食完晏昼饭无几耐啫，就接到个仔嘅电话，话今晚三仔也毋返嚟食饭喎。（《杨姨》詹伯慧 2002：104）

（101）tɕ'ai(2)　tɕy(3)　t'ap(7)　tɕ'yt(7)　it(7)　tɕyɵŋ(2)　huŋ(2)　tɕi(3)　kɔŋ(3)，
　　　　　财　　主　　贴　　出　　一　　张　　红　　纸　　讲

　　　　　tɕioʔ(7)　ŋin(2)　pɔŋ(1)　ky(1)　tso(1)　tɕ'yɵŋ(2)　nan(2)······
　　　　　（什么）　人　　帮　　（他）　做　　长　　年

（游文良 2002：642）

六　其他类型的从句标句词

在出现言说动词语法化现象的很多语言中，言说动词语法化作其他从句标记的现象也十分丰富，Heine & Kuteva（2002）提到在世界其他语言中言说动词"say"作目的从句标记（埃维语）、原因从句标记（莱兹吉语）和条件从句标记等三种用法。汉语言说动词除了可以用作宾语从句标句词和同位语从句标句词之外，在一些方言和普通话中还可以与某些关联词连用引导复句中的某个从句，同时也有单用充当某类从句标记的现象。按照本书对"标句词"的界定，标句词不仅仅是传统意义上的补足语从句标记，还涉及很多其他全句功能范畴，这里的言说动词引导复句中的某个从句，起到关联小句、标示句间句法语义关系的作用，也是标句词的功能之一，此处暂且统一称之为"其他类型的从句标句词"。本书第六章对标示句间关系的标句词进行系统研究，这里不再赘述，只简单介绍言说动词语法化用作从句标句词的现象。

常见的情况是言说动词与关联词连用，表示小句之间的关系，但这种现象并不具有推导性，涉及纷繁复杂的个案，许多学者已经对其进行了细致的分析，此处不赘。我们这里只涉及言说动词单独用作从句标句词的现象。方梅（2006）指出北京话里"说"可以用作条件从句标记和虚拟情态从句标记，并分别举例如下：

（102）你自己得有主意。说你父母什么的家里人都不在你身边儿，你怎么办哪？（聊天）

（103）说你渴了累了人家那儿有带空调的休息室。（聊天）

汉语普通话口语中也有"说"单用作条件从句标记的现象，"说"可以用"如果""要是""如果……的话"之类关联词或起关联作用的结构替换。

（104）大家想想看，你住校，说一个月两个月没回家，回家了远远地见爸爸妈妈在家门口，你是不是跑上去一下子，"啊，妈妈"……（姚家祥"CCTV 百家讲坛·备战高考（一）语文篇之记叙文"）

（105）第二个，说你是想治罪的话，你应该事先规定不能够用空印，你没有做这个规定你就给治罪了，不合适吧。（毛佩琦"CCTV 百家讲坛·明十七帝疑案（四）"）

第四节　言说标句词的句法位置

标句词作为全句功能范畴的实现手段之一，其句法位置无一例外出现在对涉及全句的功能语法范畴敏感的句首、句尾和谓头三个位置，这只是对标句词所能或可以出现的句法位置的高度概括。具体到言说标句词来说，其句法位置一般只会涉及句首和句尾，较少见出现在谓头位置的情况。

一般而言，在 SVO 型语言中，言说标句词多位于其所引导的补足语小句之前即句首位置，标句词在动词和补足语小句之间起连接作用，典型的代表性语言就是汉语、英语，标句词和补足语小句与动词之间的顺序为：动词—标句词—补足语小句；而在 SOV 型语言中，标句词位于补足语小句的句尾位置，处于补足语小句和动词之间，三者之间的线性顺序为：补足语小句—标句词—动词。标句词在句法位置上的不同与语言类型上的一般差异是密切相关的。因此，在有标句词用法的 SVO 型的汉语方言及少数民族语言中，标句词绝大多数都是位于动词和补足语小句之间，与 SVO 型语言的整体语序一致。

（106）约翰答应汤米说他明天会回来。

（107）John promised Tom that he would come back tomorrow.

（108）John-I　　　Tom-ekey　　［（＊nay-ka/＊John-i）　　nayil

　　　　John-主格　Tom-与格　　［（我/约翰-主格）　　　　明天

　　　　tasi　　o-ma］ko　　　　　　　mal-ha-ess-ta

　　　　再　来-承诺义附着词］　说-做-过去式-陈述标记

　　　　约翰答应汤米说他明天会回来。（引自 Pak 2006）

　　但在汉语方言中有一类特殊的现象，即在台湾闽语中，言说标句词有出现在句尾、甚至有在补足语小句句首和句尾同时出现言说标句词的现象。Simpson & Wu（2002）对这种句中出现多个"讲"的现象进行了分析。

（109）A-hui　lau-chun A-sin　si　taipak　lang　　　kong

　　　　Ahui　　以为　　Asin　是　台北　　人　　讲-小品词

　　　　Ahui 以为 Asin 是台北人。（引自 Simpson & Wu 2002）

（110）A·hui liau chun kong A·sinsi tai　pak　　lang kong

　　　　A-hui　　以为　　讲 A-sin　是　台北　　人　讲

　　　　Ahui 以为 A-sin 是台北人。（同上）

（111）A·-hui　siong　kong　A·-sin　m　lai　kong

　　　　A-hui　　以为　讲　　A-sin　不　来　讲

　　　　A-hui 以为 A-sin 不会来。（同上）

　　上例中，不仅在句尾出现了一个"讲"，另外在常规的内嵌句句首标句词位置也出现了一个"讲"。这说明句尾的"讲"的原位不可能是内嵌句的句首，因为此位置已经被另一个"讲"占据着。句尾的"讲"实际上位于主句的 C 位置，整个句子提升到了这个主句的标志语位置。因此，句尾的"讲"是主句的标句词"讲"，表示一定的与情态等相关的意义，而句中位于动词和补足语小句之间的"讲"是言说动词语法化用作标句词的常规位置。这可以由句子成分的连读音变证明。而主句中可以出现标句词"讲"的假设可以由单句句尾出现的"讲"提供相关的证据支持。（Simpson & Wu 2002）

 （112）　A·sin　m　lai　kong

    A-sin　不　来　讲

    A-sin 不来。

 （113）　A·-sin　bo　khi　tai pak　kong

    A-sin　没　去　台北　讲

    A-sin 没去台北。

 （114）　A·-sin　si　tai pak　lang　kong

    A-sin　是　台北　人　讲

    A-sin 是台北人。

  用在动词和补足语小句之间这种常规位置上的"讲"没有为句子添加实质性的语义内容，相当于英语中的"that"，而位于句尾的"讲"则为句子添加上了明显的语义信息，表示说话者对于命题真实性的强烈肯定，具有强烈的强调意义。

  根据 Chomsky（1986）的中心语位置参数（Head - position Parameter），在 SVO 型语言中，与一般的中心语居前特征一致，较高位置的全句功能中心语如表示语气或疑问等的成分应该位于句首中心语位置。作为 SVO 型语言的闽语，言说标句词与动词和补足语之间的语序理论上应该是动词—标句词—补足语。但从上面列举的语料中可以发现台湾话中存在"讲"出现于句尾的现象，这其实是小句提升（clausal raising）操作的结果，IP 提升到了 CP 的标志语位置。这种结构中的 IP 提升操作发生在声调连读音变（Tone Sandhi Modification）发生之后。这种声调变化是形态语音操作，这表明 IP 移位必须发生在语音式（PF）的拼读（spell-out）或是 Chomsky（1998）提出的循环拼读（cyclic spell - out）之后。（Simpson & Wu 2002）

  句尾的"讲"是由言说动词"讲"语法化发展而来的。跨语言地看，语法化发展而来的标句词一般还是出现在早期动词所出现的位置。在很多西非的中心语居前的 SVO 型语言和允许这种语法化类型的南亚语言中，这就意味着新的标句词要出现在其补足语小句之前。如泰语中的"waa"，既可以用作言说动词，同时也有标句词用法，"waa"不仅可以与认知动词共现用作标句词，甚至可以出现在名词之后引导同位语从句：

（115）a. kae　waa　arai?　　　　（泰语，引自 Simpson & Wu 2002）
　　　　　你　说　什么
　　　你说什么？
　　　b. khaw　book/khit　　waa　Daeng　suay.
　　　　　他　说/认为　　COMP Daeng　漂亮
　　　他说/认为 Daeng 很漂亮。
　　　c. Kham-phaasii　　waa "tham　bun　dai　bun"
　　　　谚语　　　　　COMP 做　好　得到　好
　　　谚语"如果你做了好事，就会得到好运"

　　　句末"讲"的语法化不同于小句中动词和补足语小句之间标句词"讲"的语法化。动词和补足语小句之间的"讲"是由连动结构发展而来的。而位于句尾的"讲"被看作是主句的标句词，其最有可能的语法化发展过程是，"讲"最早是包含两个小句的句子结构中的谓词，后来经由去动词化（deverbalize）、丢失主语、动词"讲"语法化为新生成的单小句结构的标句词等阶段之后，双小句结构被重新分析为单一小句结构。在这个重新分析的过程中，单一小句结构从之前的句法主语中融合了第一人称说话者的解读，因此"讲"位于句尾的结构具有表示有关第一人称的"强调"意义。单小句结构中"讲"的补足语 IP 在一定因素的驱动下提升到其 CP 的标志语位置，从而得出了"讲"位于句尾的结构。（Simpson & Wu 2002）

　　　而 IP 之所以进行提升是有其动因的。在"讲"位于句末的句子中，IP 所代表的命题是一个也许被说话人和听话人都认为是真的一种可能性。在这种意义上，IP 代表着由言谈参与者所预设的类似话题的信息，而注意的焦点和句子的语气则由说话人通过使用"讲"表现出来。由于 IP 类似于话题的性质和带"讲"的断言言语行为的强焦点性，IP 提升的前附着化（encliticization）意味着 IP 移位是为了对 IP 进行话题化（topicalization），将 IP 置于句首话题位置，而将"讲"留在突出的会被自然地解读为焦点的句末位置。在这种句法操作中，IP 提升是去焦点化（defocusing）或是 Zubizarreta（1998）所提到的"P-movement"，实施的目的是为了使次要成分"讲"能够位于突出的位置（这里的句尾）成为焦点。（Simpson & Wu 2002）

可见，居于句尾的标句词"讲"并非位于其原始位置上，只是在某些因素的驱动下、为了实现某种语用效果而进行的语法操作的结果。

第五节　上古汉语中的标句词"之"①

一　上古汉语中多功能的"之"

众所周知，上古汉语"之"是个多义项多功能的常用词，既有实词用法，同时又包括多种类型的虚词用法，十分活跃。《尔雅·释诂》："之，往也。"这是"之"的本义，用作动词，表"往、到、到……去"，是"之"最主要的实词用法。

> （116）子之武城，闻弦歌之声。（《论语·阳货4》）
> （117）乐正子从于子敖之齐。（《孟子》）
> （118）项伯乃夜驰之沛公军。（《史记·项羽本纪》）
> （119）沛公引兵之薛。（《汉书·高帝纪》）
> （120）由是之扬，之杭，之金陵。（《柳敬亭传》）

"之"还具有称代作用，不仅可以称人、指物，还可用来指示，分别用作人称代词、物称代词和指示代词（彭玉玲2000）：

> （121）子夏曰："君子有三变：望之俨然，即之也温，听其言也厉。"（《论语·子张》）
> （122）下，视其辙，登，轼而望之。（《左传·曹刿论战》）
> （123）之二虫又何知？（《庄子·逍遥游》）

有关"之"的动词和代词用法，学界的认识是统一的，并无太多争议。而更活跃地出现在各种结构中、主要表示语法关系的"之"，则引起了学术界广泛而热烈的讨论，"之"陆续被归入介词（马建忠1983：248—250）、连词（杨树达1954：247—248）、小品词（杨伯峻1956：

---

① 本节相关内容发表在《语言科学》2016年第6期。

163—166）、关系词（张世禄 1978：175—176）和助词（赵世举 1998
等）等多个词类（林海权 2000）。这种表示语法关系的"之"主要包括
以下现象：

（124）羔羊之皮。（《诗经·召南·羔羊》）

（125）东割膏腴之地，北收要害之郡。（《新书·过秦论》）

（126）春冬之时，则素湍绿潭，回清倒影。（《水经注·江水》）

（127）则吾斯役之不幸，未若复吾赋不幸之甚。（柳宗元《捕蛇者说》）

（128）晋居深山，戎狄之与邻，而远于王室。（《左传·昭公十五年》）

（129）带长铗之陆离兮，冠切云之崔嵬。（《楚辞·涉江》）

（124）—（126）中"之"用在定语和中心语之间，表示领属、
修饰、限定等关系，构成偏正结构；（127）中"之"用于谓语和补
语之间，表示补充关系，构成谓补结构；（128）中"之"帮助宾语
提前，从而达到突出强调宾语的效果；（129）中"之"帮助定语
后置。

除此之外，"之"还有一种独特用法，即用在主语和谓语之间构成
"主之谓"结构，"之"的语法功能是用来"取消句子独立性"（吕叔湘
1948、1982：84，王力 1980：395 等）。

二　取消句子独立性的"之"

带上"之"的"主之谓"结构，不再用作独立的句子，主要充当句
子的主语和宾语（即动词的补足语），还可充当状语和复句分句等。

做主语：

（130）天之弃商久矣。（《左传·僖公二十二年》）

（131）民之悦之，犹解倒悬也。（《孟子·公孙丑》）

（132）汤之问棘也是已。（《庄子·逍遥游》）

做宾语：

　　（133）不虞君之涉吾地也。（《左传·僖公四年》）

　　（134）宦三年矣，未知母之存否。（《左传·宣公二年》）

　　（135）今吾欲变法以治，更礼以教百姓，恐天下之议我也。
（《商君书·更法》）

　　（136）不登高山，不知天之高也；不临深溪，不知地之厚也。
（《荀子·劝学》）

做状语：

　　（137）臣之壮也，犹不如人。（《左传·僖公三十年》）

　　（138）鹏之徙于南冥也，水击三千里。（《庄子·逍遥游》）

　　（139）孔文子之将攻大叔也，访于仲尼。（《左传·哀公十一
年》）

　　（140）大王之入武关，秋毫亡所害。（《汉书·韩信传》）

做复句分句：

　　（141）父母之爱子，则为之计深远。（《战国策·赵策四》）

　　（142）我之不德，民将弃我，岂唯郑？（《左传·襄公九
年》）

　　（143）是故虞卿一言，而秦之震惧，趁风驰指而讲备。（《新
序·善谋》）

　　（144）与物且者，其身之不能容，焉能容人！（《庄子·庚桑
楚》）

　　（145）今天下溺矣，夫子之不援，何也？（《孟子·离娄下》）

　　（146）宋殇公之即位也，公子冯出奔郑。（《左传·隐公四
年》）

这种"主之谓"结构中的"之"得到了学者们广泛的关注与激烈

的讨论①，学界花了大量时间来讨论主谓之间"之"的词性和功能，但不可否认，其中以吕叔湘和王力等先生为代表的"取消句子独立性"的论述影响最为深远。句子由"独立"变为"从属"，得因于"之"取消了句子原本的"独立性"，使之具有了"从属性"特征，从而可以充当其他句子成分。但是迄今尚未完全弄清的是这个"之"为什么会有"取消句子独立性"这个在现代汉语已经基本看不到的神秘虚用法？"之"在语法体系中的地位又是什么？

其实，学者们对这种类型的"之"的意义和用法是有共识的，只是在其词类归属上意见相左。如果从现代语言理论的角度来看，这种纠结则完全没有必要，主谓之间"之"的句法特征与标句词的句法功能一致，"之"就是一个标明［+从属］特征的标句词。

三　标句词"之"的理论地位

以"［+/－从属］"、"［+/－定式］"和"［+/－疑问］"三个基元特征为二元参项，可以得到一个包含 8 种选项的标句词地图，不同语言中的标句词都可以根据其对这三个基元特征的标示在其中找到自己的位置。

表一

［+/-从属］	［+/-定式］	［+/-疑问］	标句词示例
+	+	+	if
+	+	−	that[+从属]、ko、讲/说、之[+从属]
+	−	+	?（预留空位 1）
+			for
−	+	+	吗、可
−	+		罢了
−			?（预留空位 2）
−			?（预留空位 3）

① 有关"主之谓"结构中"之"的性质功能，学界从不同角度进行了多种分析，沈家煊、完权（2009）对前人研究进行了详细地总结与评述，主要包括词组化、名词化、指称化在内的"三化"说、粘连说、定语标记说、语气说与文体说和高可及性说（洪波 2008、2010）等。而沈家煊、完权（2009）认为"之"仍具有指示词的属性，是一个自指标记，其用来提高指称目标的可及度。

对照我们所讨论的"之",其标明［+从属］（"取消句子独立性"）、标明［+定式］和［-疑问］的句法功能使其当之无愧地在这个跨语言的标句词拼图中，找到属于自己的适当位置，可以称之为"之_[+从属]"。其功能跟英语的"that_[+从属]"一致，且比"that_[+从属]"更为彻底。"that_[+从属]"只能用于标明主语从句和宾语从句的"［+从属］"特征，"之_[+从属]"不仅可以用作主宾语从句的标句词，还可以用来标明状语甚至复句分句的"［+从属］"特征。

"之_[+从属]"和"that_[+从属]"最明显的差异在于句法位置，"that_[+从属]"要用在其所标示的小句句首，而"之_[+从属]"则用于句中主语和谓语之间。

（147） ＊（That）Professor Smith will attend the conference is confirmed.

（148）I think（that）you should apologize. ①

（149）天之弃商久矣。（《左传·僖公二十二年》）

（150）宦三年矣，未知母之存否。（《左传·宣公二年》）

徐杰（2006）把这个主语和谓语之间模糊的位置明确地界定为"谓头"位置。跨语言地来看，这也在理论允许的范围之内。因为句首、谓头和句尾本来就是对句子功能特征敏感的三个句子中心位置。结合这三个位置，表2可以更加清晰地表现出标句词的句法功能与其句法位置之间的组合关系，从而更大限度地对标句词之间的异同关系进行概括。两种语言中同样标示句子"［+从属］、［+定式］"特征的"that"和"之"因其句法位置的差异，在下表中处于不同的位置。

---

① 英语中典型的四个标句词"that、for、whether 和 if"（温宾利 2002）中，"for、whether、if"在结构中不可省，原因在于这三者不仅"标句"，同时还有其他方面的实质性强特征，而"that"则主要用来标示从属性。从属性在很多语言中本来就是零形式、无标记的，英语在总格局上体现为可隐可现，具体表现为"that_[+从属]"引导主语从句时是强制性的，不可隐去（如（147）），而引导宾语从句时则是非强制性的（如（148））。引导主语从句的"that_[+从属]"的强制性，与信息理解时的避免歧义不无关系，主句从句句首的"that"在句子一开始就提醒听话人或读者此处是一个从句，避免增加听话人或读者在信息理解时的麻烦。

表二

标句词示例	句法位置			[+/-从属]	[+/-定式]	[+/-疑问]
	句首	谓头	句尾			
if	+			+	+	+
上古汉语 "之[+从属]"		+		+	+	−
吗			+	−	+	+
可		+		−	+	+
罢了			+	−	+	−
that[+从属]/讲/说	+			+	+	−
for	+			+	−	−
朝鲜语 "ko"			+	+	+	−

　　另外，"之"用作标句词有其类型学意义。Heine & Kuteva（2002：329）经过大量语言调查，有关标句词所得出的一个重要结论就是：言说动词、指示代词等都具有语法化为标句词的路径。其中言说动词语法化为标句词这一路径，已在汉语中得到印证。闽语、粤语等汉语方言中言说动词语法化程度较高（Hwang 1998），其标句词用法发展较为成熟，而在北京话等方言中则仍处于初步阶段（方梅 2006）。无独有偶，上古汉语主谓之间的"之"实则来源于指示代词（王力 1980：324，Yue 1998，洪波 2008）。指示代词语法化发展为标句词，汉语并非孤例，因此把这种来源于指示代词、用在主谓之间标示 [+从属] 特征的"之"看作标句词，不仅符合其实际句法功能特征，同时也符合语言普遍性，当然具体的语法化过程还有待进一步研究。

（151）Goa siongsin kong（＊goe） l I-teng bo phian goa.
　　　 我　相信　讲　体标记　他 一定 没有　撒谎　我
　　　 我相信他一定没有对我撒谎。（闽语，Hwang 1998）

（152）keoi5 zau6　　　lam2 waa6 m4　dak1haan4
　　　 第三人称　　　　 认为　说　否定　空闲
　　　 daan6 hau6mei1 jau6 lei4_ zo2.
　　　 但　　 最后　　但　来 体标记
　　　 他（她）真的认为他（她）没有空但最后他（她）来
了。（粤语，Yeung 2006）

（153）我觉得人格的魅力不在于说他读过了多少书，在世界上在哪个领域有多辉煌，可能有的时候他有很多作为一个人的最基本的标准是我最欣赏的。（北京话，方梅2006）

四　上古汉语"之[+从属]"与英语"that[+从属]"的异同

"之[+从属]"和"that[+从属]"是汉语和英语中句法功能高度类似的两个标句词，在表一中位于同一位置，但二者仍在多个方面表现出了共性与差异。

就相同点来说，最突出的三点是：第一，"之[+从属]"和"that[+从属]"的句法功能一致，都用来"取消句子独立性"，标示所在小句的[+从属]特征，从而使之可以充当主语和宾语等补足语成分。第二，"之[+从属]"和"that[+从属]"的使用都并非是绝对强制性的，如英语中"say、think"等动词后面用不用"that[+从属]"都可以带宾语小句，上古汉语中"之[+从属]"的使用也并非为结构所必须（张世禄1959，魏培泉2000，何乐士2004等），这与二者所标示的[+从属]特征为弱特征有关。第三，二者的来源相同，标句词"之[+从属]"和"that[+从属]"的前身都是指示代词，而从指示代词到标句词则是语法化研究已经证明的演化路径（Heine & Kuteva 2002：106—107）。

（154）I think（that）Jack is the right person.

（155）a. 邻之厚，君之薄也。（《左传·僖公三十年》）

b. 德之不修，学之不讲，闻义不能徙，不善不能改，是吾忧也。（《论语·述而》）

（156）a. 虽君之有鲁丧，亦敝邑之忧也。（《左传·襄公三十一年》）

b. 虽从者能戒，其若异客何？（《左传·襄公三十一年》）（转引自洪波2008）

二者之间的差异主要表现在其句法位置和句法分布上。如上所述，首先，标句词"that[+从属]"必须用在其所标示的小句的句首，而上古汉语标句词"之[+从属]"则用在主谓之间；其次，就句法分布来说，除了动词补足语小句之外，"之[+从属]"可以用来标明复句分句的[+从属]特征，而"that[+从属]"只能标明补足语小句。从本质上来看，这个差异其实是由汉语句子中心的特殊性决定的，"谓头"位置容纳"之[+从属]"后，使得句首位置空出，从而得以容纳其他语法成分（如复句关联词语），而英语中分句的句首位置已被标句词"that[+从属]"占据，关联词语则无处安身了，因此"that[+从属]"与复句关联词语无法共现。

（157）虽鞭之长，不及马腹。（《左传·宣公十五年》）①

（158）Because（＊that）John lost his wallet，his mother has to buy him a new one.

五　标句词"之"的语序安排与三个句子敏感位置

经典的形式语法理论中，各级各类句法结构都是单一中心的向心结构，句子就是以屈折范畴（INFL，I）为中心的屈折范畴短语 IP。句子中心 I 融合了"时态"和"性数格呼应态"，具有两种重要功能：一是充当句子中心成分，二是给主语位置上的名词短语指派格位。这种论断对于分析有形态变化的英语等印欧语系语言中的相关现象具有重要意义。

众所周知，汉语没有类似印欧语系诸语言的形态变化，因此没有经典意义下的屈折范畴。但实际上，汉英两种语言中句子都有中心，区别在于二者的内容和形式不同。汉语没有"呼应态"，"时态"也是由词汇成分来完成，与英语等语言具有实质性的差异。汉语的句子中心语只是个没有语音形式的功能特征"［+谓素］"，它主要的语法功能就是将其补充性成分（动词、动词性短语等）转化成"谓语"，与主语构成主谓关系（predication relationship）；而英语的句子中心则是"谓素""时态"和"呼应态"三项内容的结合体。虽然内容不同，但二者同样承担着充当句子中心和给主语指派主格两种功能。汉英句子中心的差异，决定了两种语言中句子成分的多种特点。汉语句子中心语"［+谓素］"是没有语音形式和词汇形式的功能特征，因其位于谓语前来实现其两种语法功能，即用

---

① 还有一个有意义的现象，即上古汉语中的发语词及其与其他标句词共现的问题。夫虽无四方之忧，然谋臣与爪牙之士，不可不养而择也。（《国语》）此例中，句首"夫"在传统语法中分析为发语词，我们可把其看作标句词，用在句首。当然，如果把"夫"也分析为标句词后，其就与另一标句词"虽"共现，这也是正常而自然的现象。正如何元建（2011：336）、Rizzi（1997）和 Haegeman（1997a、1997b）等所指出的：一个句子可以带一个以上的标句词，标句词短语的数量按照标句词的数量相应增加。

"谓头"用来指称汉语位于句中的中心语（徐杰 2006）。

　　"谓头"再加上句首、句尾，三个句位置除了担负线性句法结构中的基本角色之外，还要对属于全句的范畴做出相应的语法反映，因此是三个特殊的句子敏感位置（徐杰 2005）。句子三个敏感位置，概括了语言中所有可能对全句范畴做出语法反映的首要优先位置。根据 X 阶标理论，所有的结构都是向心结构，中心语的性质特征决定整个结构的性质特征，因此句子中心语对整个句子具有决定性的作用。句子表征式 IP 和 CP，其中心语分别是谓头 I 位置和标句词 C 位置，受语言中心语位置参数影响，C 位置在线性顺序上体现为句首或句尾，再加上谓头 I 位置，就构成了对全句范畴敏感的三个关键位置。正因为"谓素"没有语音和词汇形式，就为其他语法单位进入句子中心"谓头"位置提供了可能（徐杰 2006）。因是之故，古今汉语的"谓头"位置是一个经常被使用的句法位置。不仅标句词"之[+从属]"出现在这个位置，其他标句词如上古汉语的"其"，近代白话文和某些现代汉语方言"可 VP"疑问句式（朱德熙 1985）中的"可"类词①，所占据的位置同样也正是这个"谓头"位置（徐杰等 2011）。

　　　　（159）吾其还也。（《左传·僖公三十年》）

　　　　（160）君其问诸水滨。（《左传·僖公四年》）

　　　　（161）li kam（可）bei lai?（闽南话，引自何元建 1996）

　　　　（162）可喜观看电影?（扬州话，引自王世华 1985）

　　　　（163）你岂参加唔?（汕头话）

　　　　（164）你克相信?（合肥话）

　　　　（165）耐阿晓得?（苏州话）

　　　　（166）你格认得?（昆明话）

　　这些"谓头"位置上的"可"类词②，实则是表示疑问范畴的疑问

---

　　①　"可 VP"问句只是一个统称，不同的方言中 VP 前词语成分的语音和用字不同（如合肥话"克"、昆明话"格"、苏州话"阿"等）（朱德熙 1985）。

　　②　有关"可 VP"问句中"可"的性质问题，主要有以下几种观点：一是"疑问副词说"（朱德熙 1985，何元建 1996、2007），二是"情态副词说"（Malmqvist 1986），三是谓头位置添加的"助词说"（徐杰等 2011）等等。

语气标句词，与"吗"类似。"可"与"吗"都是汉语中疑问句的句类标记，决定着疑问句的句子类型，二者的差异在于句法位置的不同，"吗"位于句尾，而"可"则位于"谓头"位置。

而英语却从古至今，从未在"谓头"位置使用任何形式的标句词。其原因在于该类语言的句子中心语位置不是空置的，已经被"时态〔+Tense〕"和"呼应态〔+Agreement〕"等有形的功能成分占据。

六　标句词"之"的可选性

古代汉语中充当主语、宾语和复句分句的句子并非一定要在主谓之间带上"之"，这些句法位置对"主之谓"结构并无强制性要求（张世禄1959等）。甚至在同一文献中，既能看到带"之"的，也能看到不带"之"的（洪波2008）。

　　（167）a. 赤之适齐也，乘肥马，衣轻裘。（《论语·雍也》）
　　　　　　b. 夫子至于是邦也，必闻其政。（《论语·学而》）
　　（168）a. 民之望之，若大旱之望雨也。（《孟子·滕文公下》）
　　　　　　b. 民望之，若大旱之望云霓也。（《孟子·梁惠王下》）
（转引自洪波2008）

那么，第二个问题就是，上古汉语既然有这样一个"之[+从属]"标句词，为什么却可用可不用？很多学者早就注意到了此现象，纷纷从对文献的分析中试图概括"之[+从属]"的隐现规律（张世禄1959，魏培泉2000等），但并未得出整齐划一的规律。洪波（2008）指出"之""不具有句法强制性，它显然不是上古汉语句法约束的产物，它的产生和它的使用当另有原因"，进一步通过对《论语》《左传》和《孟子》三部文献的全面分析，认为"之"的隐现与其可及性直接相关，并且联系语言内部和外部的多种因素解释了影响"之"使用的原因。

我们的回答是，"之[+从属]"的可用可不用，依然是句法约束的产物，依然能从句法上找到原因！与必须得到核查的"〔+疑问〕"一类的强特征不同，"〔+从属〕"是个弱特征，弱特征可以但并非必须得到核查。其结果就是，不仅上古汉语中的"之[+从属]"可用可不用①，英语中同样作为取消句子独立性的经典标句词"that[+从属]"在宾语从句中也是如此。

(169) Jack thinks (that) John is the most popular singer in the university。

与此类似的问题有很多。汉语句子中的［+话题］特征也有强弱之分，然后引发不同的语法操作，形成不同的语法现象。话题本质上是一个语用概念，在纯形式的语法层面转化为一个形式特征［+T］，进入形式语法的运行轨道后，其在某些语言中可能诱发"添加话题标记"和"移动带话题特征［+T］的语法单位"一类的语法运算。但这只是可能性，并不意味着必须或必然诱发某种语法运算。实际情况是，能否诱发语法运算，取决于话题特征［+T］的强度。［+T］话题特征强，就很有可能选择"添加话题标记"或移位等语法操作，以强调或凸显其高强度的话题性（如（170b）和（170c））；［+T］话题特征弱，则就不一定需要语法操作来加以强调或凸显了（如（170a））。

(170) a. 我最喜欢吃香蕉[+T]。
　　　 b. 香蕉[+T]，我最喜欢吃。
　　　 c. 香蕉[+T]啊，我最喜欢吃。

七　关于标句词"之"失踪原因的一些猜想

"之[+从属]"在汉代以后就逐渐衰亡，到六朝时期已经成为文言残余②（王洪君 1987，魏培泉 2000，洪波 2008），上古的"主之谓"式"到中古其中的'之'常常被删略而成为零形式"（朱冠明 2015）。自"之[+从属]"消亡后，汉语中也曾出现过与"之[+从属]"功能类似的词，如

---

① 汉语中另一个标明［+从属］的标句词"道"总体上也是非强制性的（刘丹青 2004）。

② 就其消失原因，洪波（2008）从"之"的可及性特征对指示功能的依赖和口语与书面语等角度分析了影响"之"消亡的因素。

五四时期的"的"，但五四时期"白话文"刚刚开始，没有完全成熟；现代汉语中的"的"（司富珍 2002①）则远不具备成熟的与"之[+从属]"对等的功能。从上古汉语"之[+从属]"到现代汉语闽粤等方言中由言说动词语法化发展而来的标示从属性的标句词"讲""话"等，其中一个共性就是，在每一个时期它们的使用都并非绝对强制性的。

　　那么，究竟是什么原因最终导致"之[+从属]"的消失且没有替代者承接其功能呢？这是一个比较复杂的问题。根据现有语料，我们推测是两项重要因素共同作用的结果：其一是上古汉语中作为独立词汇项使用的具有多种功能的"之"的消失，其二是在简单陈述句中表［+从属］是"之"字多种功能中一项相对不太重要的功能。"之"消失之后，它的某些功能在现代汉语中分别由不同的词语来替代，而另外一些功能则没有替代者。这就好比某位重要人物不幸离世，他生前可能担任一系列职务，其中有重要的（比如副县长兼县公安局长），也有相对而言不太重要的（比如围棋协会名誉会长等）。其重要职务在其身后当然由另一人或多人接任，而那些不那么重要的职务就未必了。陈述句中的取消句子独立性的"之[+从属]"大概就属于后一类型。作为一个词汇项，"之"在近现代汉语中消失了，它原本担负的重要角色比如用作表"往、到、到……去"义的动词和用作指称代词分别由"到"和"他、她、它"等词取代，而在陈述句中取消句子独立性是一项弱特征，相对而言并不重要，近现代汉语就没有给"之[+从属]"另外安排接班人。在陈述句中表"［+从属］"本身就是个弱特征，在现代汉语中依然无须强制核查，在上古汉语中可用可不用的标［+从属］的这一类标句词在现代汉语中依然如此②，根源就在于陈述句中表"［+从属］"的弱特征性质。在生成语法最早的文献中，主动的陈述语气简单句曾被分析为所谓的核心句（Kernel Sentence）（Chomsky 1957：46），其他非核心句都由其转换而来。用今天大家所熟悉的术语来说，就是它是无标记特征。当然，现在已不再使用核心句和非核心句这类概念，但其隐含的思想跟今天的无标记特征和无标记形式一脉相承。曾被认定为

---

　　① 司富珍（2002）认为现代汉语"胡岗的到来给了她欢喜。"、"张三的曾在美国留学让家里人至今引以为荣。"等结构中的"的"是标句词，并提出了上古汉语中的"之"和五四时期的"的"作为佐证，富有创见性。但该文中有些例子的合法程度和常用性有待商榷。

　　② 闽粤等汉语方言中常见的由言说动词语法化发展而来的标句词，同样标明从属性，其使用也并非绝对必须。

核心句的简单主动陈述句其实就是无标记的句子，而所谓的无标记也就是无强特征标记。"之$_{[+从属]}$"所标示的陈述性小句的从属性，属于弱特征，无须强制核查。

　　总之，标句词"之$_{[+从属]}$"在现代汉语的消失，很有可能是"之"作为一个词汇项的消失以及在陈述句中所标示的"［+从属］"是弱特征这两项因素共同作用的结果。

第五章

标示句子情态语气的标句词系统

情态（modality）是现代语言研究中的热点话题之一，语言的情态、情态意义及其表达手段是情态研究的主要内容，国内外不同学派的学者们都对情态展开了系统的研究。相对西方语言学的研究，有关汉语情态的研究还存在很多有争议的议题，这与情态这一语法范畴本身的复杂性及汉语情态表达手段的多样化不无关系。在汉语多样化的情态表达手段中，标句词是其中一种，它作为与全句有关的功能范畴，对于句子情态的表达具有重要作用，是汉语句子情态实现的必不可少的手段之一。

第一节　情态与语气

一　不同学派有关情态的界定

情态是语言中典型的主观化范畴，反映人类在使用语言进行交际时，说话人对于句子所表达的命题或事件等内容的主观看法或态度。情态从本质上说，一个语义范畴，在人类语言中具有普遍性，但语义范畴又要通过语法手段得以实现，不同语言中对于这同一种语义范畴的表达或实现手段存在个体差异。人类语言各自都为其语言使用者提供了适合本语言的、能够满足需要的情态表达系统，不同语言中情态意义的表达系统不同。"在理想状态下，语义成分与它的表现形式之间存在整齐的对应，同样，情态语义的细微差别，也必将在语形表现上得到反映"（彭利贞 2007：4）。

情态在中西方语言学发展史上都引起了语言学家们的关注，不同的语言学理论和流派如传统语法、系统功能语言学、生成语言学、认知语言学等都对情态进行了界定，展开了广泛研究。有关情态这一在人类语言中普遍存在的语义范畴，在不同的语言学流派中具有不同的定位。

传统语法常常将情态与语气二者混为一谈，情态主要指的就是情态助动词表达的意义，它等同于句法上或语素上的情态表达法；而格语法则将情态看作命题以外的成分，意义宽泛，包括很多和整个句子有关的成分如否定、时态、语气和体等，Fillmore（1968）把句子用"句子——情态+命题（S——M+P）"来表示；生成语言学在研究动词范畴时涉及情态，主要围绕情态动词和情态助动词展开研究；系统功能语法中，情态是人际元功能的重要组成部分，表示说话者对事物认识的估计和不确定性，Halliday（1994：88—96）将肯定意义和否定意义之间的意义领域和意义区间看作情态，并将情态分为表示说话人对命题可能性进行判断的情态和说话人对提议可实现性的判断的意态两种类型，Halliday 的情态范畴是广义的；情态在认知语言学中被看作是一组背景成分，它和体共同为概念组合提供背景信息，"情态表达式从表示物质世界不同程度的可能性，到表示社会心理世界中的准则和规范，再到表示认识世界的推理与推论的变化过程，一直为认知语言学研究者所关注"（彭利贞 2007：14—21）。

汉语语法研究中对情态的关注由来已久，很多语法学家在论著中都谈及了情态问题，如马建忠（1983）、何容（1942）、吕叔湘（1942）、王力（1943）、高明凯（1948）、Tsang（1981）、Tiee（1985）、范开泰（1988）等。近年来有关情态范畴的系统性研究逐渐增多，学者们纷纷对汉语中的情态系统提出了自己的界定。贺阳（1992）把一般所谓的情态称作语气，认为它"是通过语法形式表达的说话人针对命题的主观意识"，对汉语书面语中的语气系统进行了重新归纳和分类，主要分为功能语气、评判语气和情感语气三大类，并指出了每个小类的语气表达的形式标志如主动词、标点符号或语气词等；齐沪扬（2002）在贺阳（1992）的基础上进行了改进，同样将"情态"的定位在"语气"范畴之下，把语气分为功能语气和意志语气；汤廷池（1997、2000：81—101）认为情态指的是"'说话者'对于句子'命题内容的'观点'或'心态'，包括对于命题'真伪'、'认知'、'愿望'、'盖然性'、'必然性'等的判断"，总结得出汉语的情态表达方式主要包括情态语气词、情态副词和情态动词或形容词；温锁林（2001：174—213）把一般意义上的情态（modality）称作口气，指的是"说话人对所属命题的情感和态度"，口气情态系统主要包括传信范畴和情态范畴两个组成部分，其中情态范畴具有主观性，表达说话人对于相关命题和情景的主观感受，传信范畴具有客观性，反映人们对相关命题的现实依据的态度；鲁川（2003）指出情态范畴是说话者用标记附加到语言中的情绪或态度之类的主观信息范畴，是说话者从主观角度对客观事物的判断和评议，其对情态的界定较为宽泛，几乎所有的主观信息都被概括到情态这一范畴之下；崔希亮（2003）认为情态涉及说话人的态度和意见，所使用的是情态的"概括意义"，包括"mood、moods，modality 或 modal grams"，并概括总结出了汉语的表态系统，将汉语的情态范畴分为：与说话人的主观态度有关、通过语气范畴表达的直陈情态，与事件本身状态有关、通过情态副词、动词或动词附加成分表达的事件情态，与说话人判断有关、由能愿动词表达的能愿情态三个组成部分。彭利贞（2007：41、54）认为情态"就是说话人对句子表达的命题的真值或时间的现实性状态所表现的主观态度"，情态动词表达的情态类型主要包括认识情态、道义情态和动力情态三种。徐晶凝（2008）指出情态是"语句中所表达的说话人对语句内容或语句所处语境的主观态度和看法"，"认识情态和道义情态是其中两个最具普遍性的分支"，将现代汉语情态系统分为四个组成部分：表示说话人对交互态度选择的、由语气助词表达的传态语气系统；表示说话人对言语行为类型选择的、由直陈、祈使句类表达的言语行为语气系统；由情态助动词和情态副词表达的情态梯度和可能/应然/将然区分系统；由边缘情态副词表达的评价情态系统。

二　汉语研究中有关语气的界定及类型划分

有关汉语语气，近年来受到较多关注的是贺阳（1992）和齐沪扬（2002）的研究。汉语语气研究中一个重要的分歧点在于语气范围的确定。齐沪扬（2002：19）指出：目前国内的研究对语气范围的确定有三种方式，第一种是将语气的类别严格控制在"陈述、疑问、祈使、感叹"四种，其他的语气类别归为口气，以大多数语法教材为代表；第二种是把所有的"对句中命题的再表述"都看作语气，以贺阳（1992）为代表；第三种是折中的方式，以孙汝建（1999）为代表："语气（modality）是指说话人根据句子的不同用途所采取的说话方式和态度，广义的语气包括语气和口气，狭义的语气只有四种：陈述、疑问、祈使、感叹。口气还包括肯定、否定、迟疑、活泼等。"

其中贺阳（1992）对于语气的分类最全面，认为语气是"通过语法形式表达的说话人针对句中命题的主观意识"，句子在语义上可以分为对事物或事件本身进行描述的命题和对句中命题进行再表述的语气两部分，语气是通过语法形式表达的语法意义，只要是属于封闭系统的语言形式都被贺阳（1992）划归为语法形式。表达语气的汉语书面语形式标志包括句终标点符号、特殊句式、助动词、语气副词、语气助词、叹词和一些同现限制。根据形式标志和语气的不同意义领域，将语气系统进行了分类，分为功能语气系统、评判语气系统和情感语气系统，并最终分为 18 个语气小类。

　　齐沪扬（2002：17—18）指出"所谓的语气是通过语法形式表达的说话人针对句子命题的一种主观意识"，它规定了语气存在于句子平面，语气的表达与说话人的言语行为关系密切，语气的表达有形式上的标志。"语气可以表示说话人使用句子要达到的交际目的，即语气的功能类别，又可以表示说话人对说话内容的态度或情感，即语气的意志类别。"① 语气可以分为功能语气和意志语气两类，以"表示说话人使用句子要达到的交际目的"为依据，划分出来的是语气的功能类别，语气词往往是功能类别的形式标志。以"表示说话人对说话内容的态度或情感"为依据，划分出来的是语气的意志类别，助动词、语气副词往往是意志类别的形式标志（齐沪扬 2002：20）。

三　情态与语气的关系

　　情态与语气是一对关系非常紧密的术语，它们都与说话人的主观态度有关，因此学者们在研究情态或语气时，大多会将二者联系起来考虑，探讨它们之间的关系。

　　Lyons（1977）指出语气是情态的语法表现手段，语气并不是在所有语言中都存在的语法范畴；Palmer（1986）最初将语气（mood）作为与情态（modality）并列的一个范畴，但在随后的研究中逐渐意识到语气是情态的子范畴而不是与它并列的另一个范畴，Palmer（2001）指出语气与情态系统（指情态动词系统）共同构成情态

---

　　① 齐沪扬（2002）所谓的"语气"实际上将一般意义上的"语气"和"情态"综合在一起进行考虑，并未对二者进行严格的区分，但实际上他将"语气"分出的功能类别和意志类别，大概就分别相当于我们一般意义上的"语气"和"情态"。贺阳（1992）对"语气"的界定和划分也是将一般意义上的语气和情态统一起来进行考虑。

（modality）范畴；Bybee & Dahl（1989）认为情态是一个语义域，语气则是一个语法形式范畴；Bybee & Fleischmen（1995：2）对语气和情态之间的区别进行了系统研究，认为情态是一个语义范畴，是语言表达的语义成分，包含了很多彼此之间有细微差异的语义成分如祈愿、目的、假设、可能、怀疑、劝告等，它们都是在语句所表达的命题的语义值上附加补充或覆盖意义；而语气是动词在形式上语法化了的语法范畴，它具有情态功能，但不同的语言中语气范畴的具体数量及其一一对应的语义特征具有个体差异，不具有普遍性；鲁川（2003）认为"语气"和"情态"是表达说话人的主观意图、主观情绪和主观态度的两种主观标记，二者应该加以明确的区分。其中"语气"是对"人"的，表现说话人跟听话人交际的意图，主要由句类和语气助词来表达。而"情态"是对"事"的，体现说话者对于事情的主观情绪和主观态度，主要由副词和情态助动词表达。彭利贞（2007：64—65）认为情态是一个语义范畴，与说话人对语句的主观态度或看法相关，而语气则是表达情态语义的多种手段之一，是一个语法范畴，在表达情态的多种手段中，只有语法形式才属于语气系统；徐晶凝（2008：58—60）指出语气就是现代汉语中用来表示说话者所选择的如何将命题放入语篇环境中的语言形式，是一种语法范畴，它所表达的语法意义就属于情态。

贺阳（1992）和齐沪扬（2002）则将情态和语气统称为"语气"，但在进一步的细分中，一般意义上的情态和语气还是被明确地分为了不同的大类，他们的功能语气就相当于一般意义上的语气，而评判语气和情感语气其实就相当于一般意义上所谓的情态。

可见，学者们对与情态、语气及二者之间关系的界定的具体表述虽然差异万千，但彼此之间又存在一个普遍的共识，即情态与语气都与说话人的主观态度密切相关，情态是语义范畴，语气是语法范畴，是多种情态实现手段之一，通过语法形式来表达不同的情态意义。情态这一语义范畴在人类语言中具有普遍性，但语气作为一种语法手段在不同的语言中具有差异性。

四　语气助词与情态语气的表达

"就现代汉语的具体情况看，现代汉语存在着一套封闭的词类，总是作用于整个命题的，即语气助词，我们将语气助词所表达的情态意义看作是语气。""将汉语中陈述句、疑问句、祈使句和感叹句作为四大句类，它们是言语行为功能的原型表现形式；而将汉语学界已经习惯称之为'语气'的意义叫做'言语行为功能'，如询问功能、祈使功能、感叹功能等。"（徐晶凝 2008：65）

句类和情态之间不存在必然的关联。这就是为什么同一个句类中可以有不同语气的原因，因为语气所表达的意义是情态的一个分支。语气是一种高层的情态。所谓的高层，从意义上考虑它区分的是若干大类；从形式上考虑，它的表达形式的语法化的程度较高。在汉语中符合这一标准的语法形式有句类和语气助词两种（徐晶凝 2008：129）。

徐晶凝（2008：133）对语气助词进行了如下界定：

语气助词的作用并不在于参与汉语句子的命题结构，作为情态标记和话语标记，它应当具有三个重要特点：一是在语法上，它不是语法结构必需的成分，有或没有不影响语法结构的合法与否；二是在语义上，有或没有不影响语法表达式的内容（命题）；三是在情态上，它是必需的成分，它的目的在于表示句子与语境的关联性以及满足听话人的面子需要，更好地保证交际成功。因此语气助词的有或没有会直接影响到语句的效力（force）。徐晶凝根据这三个标准，将"啊，嘛，吗，吧，罢了，呢，着呢，不成，呗"确定为语气助词的典型成员，而"的，了₂"不能同时满足这些标准，在语法结构上它们不能自由缺省，但它们已经开始向情态领域渗透了。

语气助词的出现与否不影响句子命题的内容及其句法合法性，它们不参与句子的命题表达，属于情态标记。从句法分布上看，语气助词总是黏附于其他成分之后，不能独立使用；语气助词作为语气标记，应该有一个核心的原型意义，该意义能够给语气助词所有的用法一个统一的合理的解释；语气助词的原型意义包括两个方面：一是说话人对语句内容的信疑态度；二是说话人对听话人交际身份的主观处置，即对双方交际关系的建构。语气助词作为语气标记，以整个语句所描写的事态作为自己的辖域（徐晶凝 2008：136—137）。

现代汉语中，语气助词的主要作用在于标注句类的不同传态语气。传态语气标记与句类的关系比较错综，同一个传态语气可以用于不同的句类，同一个句类中也可以出现不同的传态语气。传态语气区别于言语行为语气的一个重要特点是它不会改变句类的性质。语气助词"吗"有一点特殊，它虽然从句法属性上看是一个语气助词，但是，它与其他语气助词不同，其有无将会改变句类。因此，"吗"也是疑问句句类所采用的一个句法手段。但是，因为"吗"与其他带或不带语气助词的疑问句比较起来，具有不同的情态意义，因此，它也参与汉语传态语气系统。（徐晶凝2008：78—79）

第二节　汉语情态语气标句词系统

标句词具有表示句子情态语气的功能，标句词所引导的内嵌句的情态表达在一定程度上与标句词有关，如非现实涉名域（Frajzyngier 1991、1995、1996）和不同类型的真值等情态的表达（Ransom 1986）。它们的具体情态可以看作是每一个标句词的来源的语义语迹，即语义的存留（Hopper & Traugott 1993）。这在许多语言中已经得到了证实。

将汉语的语气词看作是标句词的处理方式，自从汤廷池（1984）以来，得到了 Cheng（1991）、Sybesma（1996）、Simpson & Wu（2002）、何元建（2007）、邓思颖（2010）等学者们的认同。

汉语的语气助词是一个封闭的系统，它们附加在整个句子之上，表示句子的语气或情态，其辖域是整个句子而非某个句子成分，因此语气助词的句法功能是与全句有关的，我们将其看作是表示情态语气的标句词，有限的语气助词构成了汉语的情态语气标句词系统。汉语中语气助词的数量相对其他词类较少，《现代汉语虚词例释》只统计出 30 个左右，我们这里只考察最常用、最基本的六个：的、了、吗、吧、呢、啊。汉语中常用的六个情态语气标句词用来标记句子的情态语气，位于标句词短语 CP 中，但它们在 CP 中并非位于同一层级中，彼此之间在层级地位上存在差异。

近年来，学者们逐渐发现一些功能语类内部成员之间在句法语义等各个方面并不是完全一致的，在整体看待的同时也应该看到它们之间的差异，它们彼此分工明确，分别在功能语类这一大的框架内扮演着不同的角色。胡明扬（1981）将语气词分为"的、了""呢""吧、啊"和"啊、呕"等几类；吕叔湘（1982：208）则分为三组：第一组表示时态，包括"了①、呢②₁、来着"；第二组表示疑问或祈使，包括"呢₂、吗、吧₁、吧₂"；第三组表示说话人的态度或情感，包括"啊、呕、欸、嘿、呢₃"；丁恒顺（1985）认为"的、了、么（吗）、吧、呢、啊"是最基本的六个语气词，将其分为"的""了""么（吗）、呢、吧"和"啊"四组；胡裕树（1995）将"的、了"作为第一类，"呢、吗、吧"作为第二类，"啊"作为第三类；李讷等（1998）将现代汉语广义的句末语气词按表意功能分为事态助词（如"了、来着"）、情态助词（如"的"）和疑问助词（如"吗"）三个类别；张谊生（2000）把语气词分为四类：第一类是"的"，第二类是"了"，第三类是"吗、吧、呢"，第四类是"啊"；齐沪扬（2002：61）将单音节的典型的六个语气词"的、了、吗、呢、吧、啊"，分为 1 级（"的"）、2 级（"了"）、3 级（"吗、呢、吧"）和 4 级（"啊"）四类。可见，语气词内部各个成员之间的差异是为学者们共知的，也是必须有所区分的。

　　近年来生成语法研究者们在制图理论（Cartographic Approach）精神的指导下进行了一些研究，Rizzi（1997）的分裂标句词假说将标句词短语分为语势短语（ForceP）、话题短语（Topicp）、焦点短语（FocusP）和定式短语（Finp）等多个系统，Cinque（1999）则对 IP 结构也进行了系统性的切分。因此，根据汉语语言实际，对语气助词标句词系统的层级性分析是符合制图理论精神的，也能为不同语气助词之间的句法语义差异、语气词连用等复杂的语言现象提供合理的理论解释。

　　根据汉语中六个最常用的情态语气标句词"的、了、吗、吧、呢、啊"的句法语义特征，我们将其分为四个标句词子系统：表示"确认"的标句词系统（"的"）、带有时态意义的标句词系统（"了、呢₁"）、句类标记系统（"吗"）和表示情态意义的标句词系统（"吧、呢₂、吗"）。这四组语气标句词构成了一个标句词层级系统，从第一组到第四

---

① 本章中情态语气标句词"了"指的是语气词"了"。

② 有关"呢"的分类问题，学者们看法不一。吕叔湘把"呢"分成两个：直陈语气词和疑问语气词；朱德熙又进一步把"呢"分为三个：表示持续时态的，表示疑问语气的，表示说话人的感情和态度的；江蓝生（1986）分为表示疑问语气的"呢₁"和不表示疑问语气的"呢₂"；齐沪扬（2002：135）指出"呢"最基本的语义是表示疑问语气，在此基础上衍生出反诘语气和疑惑语气。为行文方便，我们这里将"呢"分为表示时态意义的"呢[时态]"和表示情态语气意义的"呢[情态]"。

组在层级系统中的位置也越来越高。层级系统中位置较低的语气词可以和位置较高的语气词按顺序连用。

第三节　表示"确认"语气的标句词系统

（1）

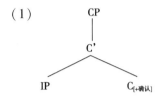

"的"是现代汉语中一个多功能的助词，它具有多种用法，其中包括用作语气词表示语气，"的"是汉语中典型的语气词之一。《现代汉语八百词》指出"的"可以"用在句子末尾，表示一定的语气"。"的"所表示的语气特征主要是一种"肯定、确认"。有关语气词"的"的句法语义特征，许多学者都进行过一定的研究，肯定了"的"的语气词地位，如朱德熙（1982）、李讷等（1998）、张谊生（2000）、齐沪扬（2002）等。吕叔湘（1982：262）提出"'的'字表示的是一种确认的语气，就是表示确确实实有这件事儿，没有错儿。用'的'字的句子，语势颇重。"语气词"的"的语法意义是"对一件事实的确认"，它的作用只是确认，"含有语气词'的'的句子是说话人向听话人表明肯定态度的方式而不是为了告诉听话人发生了什么"（李讷等1998）。张谊生（2000：270）指出"的"作为语气词，用在陈述句句末，"用来加强对事实的确认和未来的推断，表示一种明白无误、显而易见的语气。"语气词"的"用于陈述句句尾，加强对事实的确认，表示显而易见的"高度确信"语气（齐沪扬2002：193）。

（2）a. 我一定会成功的。
　　　b. 我一定会成功。
（3）a. 他肯定喜欢我的。
　　　b. 他肯定喜欢我。

上述两组句子中，a句和b句的区别在于是否带有句尾语气词"的"，带有语气词"的"的a句的语气相比b句更加肯定，多了一种确认无疑的意味，这是由语气标句词"的"赋予整个句子的。这从下面两个树形图的对立可以清楚地看到，a 句句尾带有表示［+确认］语气的标句词"的"，整个句子就相应地带上了强烈的肯定语气；b 句句尾的标句词为零形式，在语气上恰恰就少了对句子所表示命题的强烈肯定。

（4）

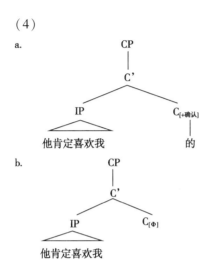

除了陈述句之外，用在疑问句和感叹句句末的"的"，同样传达出一种"肯定和确认"的语气，只不过肯定的对象是疑问句句干中的疑问点和感叹句所表达的事实。

（5）a. 你是怎么搞的？这样重要的事情也会忘记的？（张谊生 2000：270–271）

b. 这样的折腾，真够她受的！

c. 就是你亲口说的！

可见，标句词"的"对于整个句子命题的"肯定、确认"语气是"凌驾于"这个句干之上的，是以整个句子为辖域的，不管前面句干的句法语义特征如何，只要带上了标句词"的"，这个句子就多了强烈的"肯定、毫无疑问"的意味。

第四节　带有时态意义的标句词系统

语气词并非只表示纯粹的语气，在表示语气的同时，它还会带有其他一些特征。语气词"了、呢₁"① 等在表示语气的同时，是与时态意义联系在一起的，因此我们将其划归入带有时态意义的标句词系统。"了"和"呢₁"本身可能并不具有多么明确的时态意义，但基于它们常用在表示某种时态意义的句法环境中，常与表示某种时态意义的成分共现的事实，以至于在长期的使用中本身也可能带上了某种时态特征的印记。

（6）

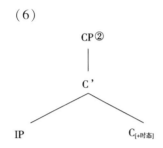

　　"了、呢[时态]" 等所具有的与时态有关的意义特征在很多学者的著作中都得到了肯定。《现代汉语八百词》指出现代汉语中有两个"了"，"了₁"用在动词后表示动作的完成；"了₂用在句末，主要肯定时态出现了变化或即将出现变化，有成句的作用"。朱德熙（1982：209）指出"'呢₁'表示持续的状态，'了'表示新情况的出现，'来着'表示最近的过去发生过的事。"语气词"了"用在陈述句句末表示对已然事实的确认和推断，它重在报告一个新情况（张谊生 2000：271）。齐沪扬（2002：70）认为"了"表示一种新情况的出现，表示对事实的肯定。北京大学中文系（1996：313）指出语气词"了""表示一种肯定、确认的语气，而又着重说明变化，即着重说明一种情况的已经发生"。

---

　　① 此处的"了"指的是语气词"了"，相当于《现代汉语八百词》中的"了₂"，本书主要涉及语气词"了₂"，因此在行文中除了特别指出的，一般情况下的"了"即《现代汉语八百词》中的语气词"了₂"；语气词"呢"分为表示时态意义的"呢[时态]" 和表示情态意义的"呢[情态]"。

　　② 标句词短语是具有层级性的，意义不同、功能不同的标句词在这个层级结构中的地位是不同的，距离 IP 的远近也不同，但为行文方便，在对同一类的标句词进行考察时，我们都将 IP 看作其补足语，下文分析标句词连用现象时，我们再具体讨论不同类型的标句词在层级结构中的位置。

（7）经过这次大会之后，村里人也都敢出头了。（《赵树理选集》）

（8）现在他们一颗心定下来了！（《茅盾短篇小说选》）

除了陈述句之外，出现在疑问句和感叹句句末的"了"，同样能够"加强对作为一种新情况的现象（就说话人的角度看）的疑问和感叹"（张谊生 2000：271）。这与标句词作为全句的功能中心语的性质是一致的。

（9）你刚才去哪儿了？

（10）今天谁去值班了？

（11）这儿的风景可美了！

（12）这个消息实在太诱人了！

在六个最常用的语气词中，带有时态意义的除"了"之外，还有一个是"呢[时态]"。与"了"表示新情况的出现不同，"呢[时态]"主要表示状态或动作的持续，常常与表示正在进行意义的成分如"着、正、正在"共现，两种性质的成分组配，使这种"持续义"的表达效力更强。"呢"用在表示持续状态的句子中，有提醒对方注意的意味（齐沪扬 2002：202—203）。

（13）是两间小屋，门开着呢，四位伙计在凳子上坐着，都低着头吸烟，没有看千佛山的。（《老舍短篇小说集》）

（14）a. 他们正在吃团年饭。

　　　 b. 他们吃团年饭呢。

　　　 c. 他们正在吃团年饭呢。

（14）中 a、b、c 三个句子都表示"正在进行"的持续状态，a 句用了表示"正在进行义"的副词"正在"，b 句只用了语气词"呢"，c 句则同时使用了表示"正在进行"的副词和"呢"。可以发现，b 句虽没用表示"正在进行"的副词，但仍然具有持续意义，且 c 句的持续意义相比只用了副词的 a 句更为明显更为强烈，并且如果将 b 句中的"呢"去掉，则句子的持续意义就消失了，可见"呢"本身可以表示"持续意义"。

（15）

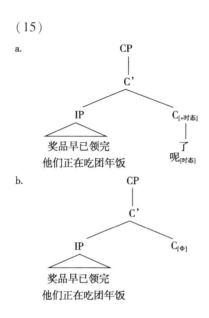

（15）中，a 句都带有表示时态意义的语气标句词"了"或"呢[时态]"，使句子表示情况发生变化或动作的正在进行意义更为突出，b 句中的标句词体现为零形式，相比 a 句就缺少了这种突出的语气特征。

第五节　句类标记（Sentence Typer）

一　语气与句类的划分

语气（mood）这一概念术语在西方语言学界除了一般被界定为由动词的形态变化所表达的情态意义之外，还在对句子或小句的类型进行描写研究时会用到，语气与句子类型密切相关。

Lyons（1995：251）将人类语言中最基本的言语行为功能从功能意义角度分为做断言、问问题、发出指令等几个大类。而句类的划分常常与言语行为功能密切相关，"句类，其实是一组成员极其有限的小句类型与几种最基本的言语行为功能相互关联的范畴"，它在很多语言中一般表现为有限的几种小句类型，如陈述句、疑问句、祈使句等，这主要依据的是言语行为功能的核心类（徐晶凝 2008：61-62）。

传统的语法教材都把句类看成是"语气的分类"。学者们一般将句子按照语气的不同分为四个类型：陈述语气、祈使语气、疑问语气和感叹语气。胡裕树（1995）认为"按照句子的语气，可以分成陈述句、疑问句、祈使句、感叹句，一般称之为句类"；黄伯荣、廖序东的《现代汉语》（1997）中也有类似的论述："根据句子表达的语气分出来的类型叫句类，拿语气为标准，句子可以分成四种"（齐沪扬 2002：18-19）。

邓思颖（2010）指出句类是按照"句子意义（sentence meaning）"进行划分的，由句子的语法特点决定，并且独立于语境的（Lyons 1995）。句类跟陈述式、疑问式、感叹式、祈使式等有关系，可以通过语音上的语调、书面上的标点符号来表现。汉语的句类根据句子意义来划分的同时，某些显著的语法特点也具有决定作用。

句类的界定与划分是仁者见仁智者见智的，不同的学者从不同的角度出发，以不同的标准对句类进行划分，划分的结果自然大不相同，动词的形态变化、语序、句法形式、句型等词汇或句法特征都可以成为句类划分的标准。例如，以表层结构中主语的有无为标准，可以将句子划分为有主句和无主句；以句子成分的语序为标准，又可以将句子分为倒装句和正常语序的句子。只要按照统一的标准、划分出的句子类型彼此具有特殊性，那么就可以称之为不同的句类。本书主要是从句子语气的角度出发，按照核心的几种言语行为功能、遵从学界的传统，将句子划分为陈述句、疑问句、祈使句和感叹句四种句类。相应地，这四种句类也是实现直陈、祈使等语气类型的重要手段。

二　句类标记"吗"

从不同角度出发、以不同的标准，对句类的划分结果是不同的，但一个共性特征就是，句类之间具有将彼此区分开来的关键性特征，其中我们将最容易区分、最容易判断的形式上的标记性成分看作是句类标记。由于划分句类的标准不同，句类之间的区别性特征就不同，句类标记自然也有多种类型，它可以是句子所包含的某种特殊词类如语气助词、"把""被"等，也可以是句子在句法上的某些特殊句法形式，如"V 不 V""KVP"等。但并不是所有的句子都具有显性的句类标记，有的句类以零标记的形式呈现，如陈述句。

　　句类标记应该能够标明一个句类，句类标记不仅仅包括语气助词，只要是能够标记句子属于某个句类的成分或结构形式都可以看作句类标记。如"吗"是是非问句标记，"V 不 V"是正反问句标记，"多么"等是感叹句标记，"把"是把字句的句类标记，"被"是被字句的句类标记等。

　　句类标记有多种类型，它在句子结构中的位置是多样的，它在句中的位置取决于句类标记本身。例如是非问句标记"吗"在句子结构中的位置必定是位于句尾，在层级结构中做 CP 的中心语标句词；而"把"字、"被"字等句子成分则是位于 IP 中。Cheng（1991）指出"呢"是句类标记。上面提到，以言语行为功能为标准可以将句子划分为陈述句、疑问句、祈使句和感叹句四种句类，而语气助词一般认为是表示句子语气的重要手段之一，但语气助词并不是与这四种句类一一对应的，在多个语气助词中，只有"吗"才是句类标记，它是疑问句的句类标记，以"吗"结尾的句子肯定是疑问句。而其他一些语气助词却不具有这种将句子的语气类型与其他区分开来的功能，因此不能看作是句类标记。但这并不意味着其他几个句类没有句类标记，只是它们的句类标记中不含语气助词罢了。如感叹句的句类标记是"多么"、正反问句的句类标记是句中的正反重叠格式等。

　　现代汉语最常用的六个语气词"的、了、吗、吧、呢、啊"中，只有"吗"是句类标记，它带有与生俱来的［+疑问］特征，决定并标记疑问句的疑问语气，并将其与其他语气的句类区分开来；而"吧、呢、啊"几个语气词都不具有某种显著的、能决定句子言语行为语气的特征，它们可以出现在不止一种句类中，对句子的言语行为语气不起决定性的作用，所表达的都是句子的情态意义，它们都归属于情态意义标句词系统。

（16）

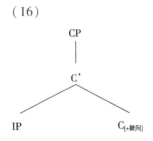

　　"吗"是现代汉语句末语气助词中唯一一个用作句类标记的语气助

词，一个命题带与不带"吗"决定着整个句子最终的言语行为语气和句类归属。

(17)　a. 她喜欢在资料室里写论文吗？

　　　　b. 她喜欢在资料室里写论文。

(18)

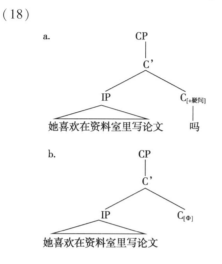

上例中 a 和 b 的唯一区别就在于句尾是否带有疑问标句词"吗"，带与不带决定了两个句子分属疑问句和陈述句两个不同的句类，"吗"决定了整个句子的言语行为语气，因此"吗"是疑问标句词，是疑问句的句类标记。

但"呢₂、吧、啊"等语气词都可以出现在不止一种句类中，它们不具有将某种句类与其他区分开来的决定性作用，只是赋予句子一些特殊的情态特征，因此它们并不能看作句类标记，而是属于情态意义标句词。

第六节　标示情态意义的标句词系统

"呢₂、吧、啊"是现代汉语六个常用语气词中表示情态意义的标句词。语气词"呢、吧、啊"可以看作是一种"感情成分"（齐沪扬 2002：203），它们不与具体的某一句类相联系，可以出现在多种句类中，不具有将其所在的句子标记为某个句类、与其他类型区分开来的显著功能，它们只是赋予句子一些特殊的情态语气意义，对句子是否归属于某种句类不具有决定性作用。这些表示情态意义的标句词，可以出现在各种类型的句子中，传达出种种情态语气特征，但这些具体的多样的情态语气特征并不是某一情态标句词所固有的，其核心意义只有一个，这些具体多样的情态语气特征是标句词在与句子和语境的互动中，"因地制宜"地表达出的情态语气意义，是其核心情态意义的具体化和实例化。

（19）

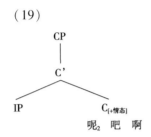

呢₂　吧　啊

一　情态标句词"啊"

"啊"是表示说话人态度和感情的语气词之一，它在汉语所有的语气词中是分布最广的，可以出现在各种类型的句子中（朱德熙1982：212）。以往学者们对"啊"进行了很多研究，赵元任（1979）、吕叔湘（1980）等的主要着眼点是对"啊"的意义和用法进行描写；还有一些学者是着眼于概括，通过具体的意义用法概括、提炼出"啊"的核心意义，如胡明扬（1981）将"啊"分为表示说话人感情的表情语气助词和表意语气助词两个；Li & Thompson（1981）指出"啊"是用来和缓语气的；Shie（1991）认为"啊"是一个用于对命题做出回应的典型的回应标记；屈承熹（2006）认为"啊"是话语标记，用来表达说话人的参与；徐晶凝（2008）则简明扼要地概括出了"啊"的原型情态意义，即"强传信式告知求应"，"说话人以一种'知情一方'的态度，明确将语句内容告知听话人，并且要求听话人做出回应"。

（20）a. 他工作的地方多么令人羡慕啊！

　　　b. 走啊！

　　　c. 我真不是存心找茬啊！

　　　d. 他明年毕业还是后年毕业啊？

（21）a. 你回不回来？

　　　　　　　b. 你回不回来啊？

（22）a. 他不回武汉过年啊？

　　　　　　　b. 他真的不回武汉过年啊？

　　（20）中四个带语气词"啊"的句子分别是感叹句、祈使句、陈述句和疑问句，"啊"表示说话人的感情，具体色彩随说话内容和语言环境而定（胡明扬 1981），它基本上只能起到"加强"或"延缓"语气的作用（齐沪扬 2002：191—192），它并不决定句类，并不固定地出现在某个句类中，它的作用只是使句子带上了某种情态意义。

　　（20a）感叹句句尾的"啊"，表明了说话人对所感叹内容的确信并希望得到听话人赞同和接受；（20b）是祈使句，句尾的"啊"凸显了说话人对于"祈使"的确信和要求听话人回应并执行的意味，常常带有提醒和警告的语气；（20c）中"啊"用在陈述句的句尾，表明说话人对于所陈述内容的确信不疑、并希望得到听话人的认同；（20d）中疑问句句尾的"啊"，其本身并不表示疑问，非是非问句句尾的"啊"使语气较为随便、不那么生硬，并且具有明确告知并要求听话人作答的意味，如（21）；而是非问句句尾的"啊"则是为了验证对方的意图或已经说过的话，要求对方证实自己的预设，如（22）。（朱德熙 1982，徐晶凝 2008）

　　"啊"在上述这些句类中所表达的多样化的情态语气意义，都是"啊"作为情态标句词这一功能中心语，将其核心的本质的情态意义即"强传信式告知求应"作用于全句，与具体的句子和语境互动之后的结果。

二　情态标句词"吧"

　　现代汉语中"吧"也是表述情态语气意义的关键语气词之一。"吧"本身并不与某一固定的句类对应，它可以用在多种句类中，相应地表达出适应此句类的情态意义。学者们对于"吧"的意义和用法的研究有一个相对普遍的共识，就是"吧"带有不肯定、不确信的意义（吕叔湘 1980，胡明扬 1981，邵敬敏 1996，齐沪扬 2002 等）。徐晶凝（2008）将"吧"的情态意义进一步概括为"说话人对语句内容做出弱传信式推量，并交由听话人确认"。

　　（23）a. 现在不知他唯一的女儿景况如何？倘在上学，中学已该
毕业了吧。（《鲁迅全集》二卷）

　　　　　b. 有一姓赵的老头儿走到老战跟前问："你就是农场的
吧?"（《老兵新传》）

　　　　　c. 大家还是先谈情况吧！（《三里湾》）

　　上述三个句子中，"吧"分别用于陈述句、疑问句和祈使句中。用在
陈述句句尾，"吧"表示揣测、估计的情态语气意义；用在疑问句句尾，
"吧"传达出一种试探的口气；而用在祈使句中，"吧"则表示请求、催
促、商量的情态语气特征（北京大学中文系 1996：68）。

　　胡明扬（1981）指出"'吧'是表态语气助词，赋予说话内容以不肯
定的口气。'吧'可以用在各类句子后面，不论是陈述句，还是疑问句、
祈使句、感叹句。在句子中其他语词和句型语调的影响下，全句可以有各
种不同的语气意义，因而似乎'吧'就有各种互不相干的语气意义，但
实际上这些并不是'吧'本身的语气意义。"（23a）中"中学已该毕业
了"本身是肯定的，加上了"吧"变得不那么肯定了，具有了揣测的意
味，并寻求听话人的确认；（23b）的疑问语气是由语调决定的，与"吧"
无关，"吧"只是表达出了说话人的不肯定；（23c）在祈使句句尾用
"吧"，"吧"的不肯定语气使得祈使句的命令口气有所缓和。

　　可见，"吧"并不能当成某种句类标记，它用在多种类型的句子末
尾，将其核心的情态语气意义"不肯定"赋予整个句子，虽然对句子的
句类归属没有决定性作用，但却使句子的情态语气意义更为丰富。

三　情态标句词"呢[情态]"

　　语气词"呢"是现代汉语中使用频率很高且争议较大的一个语气词，
很多学者对其意义和用法进行了研究，并分出了多个不同的"呢"。赵元
任（1979）将"呢"分为四种：有上下文的问话、有特指点的问话、有
意停顿和温和的警告；吕叔湘（1980）分为表示疑问（用于是非问句以
外的问句）、指明事实而略带夸张、用在叙述句的末尾表示持续的状态和
用于句中停顿处等四种类型的"呢"；朱德熙（1982）分为表示时态、表
示疑问和表示态度与情感等三种"呢"；刘月华等（1983）分为表示疑问
和反问的"呢"、表示肯定语气的"呢"和表示句中停顿的"呢"三种

类型；屈承熹（1986）将"呢"的用法至少分析出 8 种；叶蓉（1994）认为非是非问句中的"呢"可以分为两种，一种是特指问句或选择问句中表示缓和地深究语气和反问句末帮助确认和加强反问句所表达的肯定意义，但不表示疑问语气的呢₁，另一种是非是非问句的简略式中的特殊疑问语气词"呢₂"；曹逢甫（2000）总结概括出了"呢"的五种用法：表达未变状态、做主题标志、表示未定或疑问、删节问句中的疑问词、表示对方所言并非定论；齐沪扬（2002：131—133）指出现代汉语语气词"呢"有五种基本意义和用法：表示疑问语气、表示反诘语气、表示感叹语气、表示肯定的陈述语气、表示疑惑的语气和停顿。

　　上述学者们对"呢"所进行的分类其实是对"呢"的具体意义和用法的列举。国外一些学者从更高的层次对"呢"的意义进行了概括总结：Li & Thompson（1981）用"对期待的回应"来指代"呢"的意义；Alleton（1981）提出"呢"的恒常语义是"说话人想让听话人主动参与"；Lin（1984）指出"呢"的意义主要是表示对比。"呢"作为一个虚词，它和其他虚词一样都只有一个恒常语义，这个恒常语义与不同的语境互动，从而产生种种不同的意义。但这些纷繁复杂的具体意义并不是"呢"本身带有的。

　　徐晶凝（2008：159—175）从情态表达的角度将"呢"的情态意义概括为"说话人在双方共享预设的基础上点明某一点，提请听话人注意"，即"在双方共享预设中激活新信息"。"呢"的这个核心情态意义在不同的语境中，在不同的句子中得到具体化和实例化，从而最终表现为种种具体多样的意义和用法。"呢"在陈述句中"用于向听话人点明事实真相"，在疑问句中"表达的是在听说双方共享预设的基础上，探究疑问点。"

　　有一些学者认为"呢"可以看作是疑问语气词，可以看作疑问句的句类标记（Cheng 1991，陆俭明、马真 1999 等），也有一些学者提出了异议，认为"呢"并不具有疑问意义，它的主要功能是"提请对方特别注意自己说话内容中的某一点"，"请你特别注意回答这一点"，"表示提醒或提醒兼深究"（胡明扬 1981，邵敬敏 1989，金立鑫 1996）。石毓智（2010：389）也认为"呢"和"吗"并不同类，"吗"属于现代汉语疑问句的形式标记系统，而"呢"则处于另外一个层次上，作用是指明其前判断的真实性，它与疑问标记的功用完全受制于语义特征上的相容与不相容。

　　我们赞同徐晶凝（2008）将"呢"的情态意义概括为"说话人在双方共享预设的基础上点明某一点，提请听话人注意"，各种"呢"的不同意义和具体用法都是在不同的语境中，"呢"对各个句子和语境中的某项内容或成分的"点明"或"提请注意"，为行文方便，我们暂且把这一类称之为"呢[情态]"。疑问句句尾的"呢"用来点明疑问点，提请听话人注意疑问点并进行回答；简略问句句尾的"呢"点明与语境中已知的某个疑问点相关的话题，并提请听话人联系语境信息作答；陈述句句尾的"呢"，点明句子所描写的事实内容，并提请听话人注意，而话题停顿处的"呢"也是为了点明话题，提请说话人对下文给予注意。"呢[情态]"本质上并不带有疑问特征，并不是疑问语气标句词。

　　（24）a. 他什么时候回国呢？

　　　　　b. 他儿子这学期得了三好学生呢！

　　　　　c. 秦司令员在电话上亲口说就要派来，说不定到了呢！（《三千里江山》）

　　　　　d. 钱老先生的劲头可大呢，什么都不服输。（《考验》）

　　　　　e. 我才不稀罕你的同意呢！（《给孩子们》）

　　上例中"呢"分别出现在疑问句和陈述句的句尾，为句子赋予了揣测、夸张、醒悟、不满等语气，并不决定句类，对将其所在的句子与其他句子区分开来并不具有决定性的作用，即使是出现在疑问句句尾的"呢"，也并不承担全句的疑问信息，只是对句中的疑问点起突出和强调的作用，去掉"呢"，丝毫不影响句子疑问范畴的实现。因此，"呢[情态]"并不算是一个纯粹的疑问语气标句词。"用'呢'和不用'呢'的区别在于用'呢'是提醒对方：'这种情况你可能不知道，我现在提请你注意！'"，"在疑问句中'呢'仍然表示'请你特别注意回答这一点'"，"'疑问'是由语调决定的，和'呢'无关"（胡明扬 1981）。

　　就疑问句来说，"呢"可出现在非是非问句即特指问句、选择问句和正反问句的末尾。非是非问句中，疑问信息或由带有［+疑问］特征的疑问代词或"还是"来承担，或由带有［+疑问］特征的句法形式正反重叠来实现，句尾的"呢"并不承担疑问信息，它的作用是突出、强调、提醒疑问点。

（25）a. 你什么时候回来呢？

b. 你明天还是后天回来呢？

c. 你明天回不回来呢？

"呢"与"吗"存在着本质上的不同，"吗"本身具有［+疑问］特征，对前面句干所表示的整个命题表示怀疑否定，因此整个句子呈现出了疑问语气；而"呢"本身并不表示疑问，但具有表示语意影响口气的功能，突出强调前面的信息重点或疑问点，有加重或夸大某种口气的作用（田泉 1988）。

对于那些"非疑问形式+呢"构成的疑问句，"呢"也并不表示疑问，其疑问信息是由句干中省略的某个成分和语调承担的：

（26）"后来怎么样呢？"四婶还问。

"听说第二天也没有起来。"她抬起眼来说。

"后来呢？"

"后来？——起来了。她到年底就生了一个孩子，……"

（鲁迅《祝福》）

上例中的"后来呢"这句话中含有一个潜在或省略了的谓语"怎么样"，它可以由上下文和语境补出来（前文中的"后来怎么样呢"），其疑问信息是由这个潜在或省略了的谓语和语调承担的，"呢[情态]"的作用依然是突出、强调，"点明与语境中已知的某个疑问点相关的话题，并提请听话人联系语境信息作答"，它并不承担主要的疑问信息。

可见，"呢[情态]"主要用于突出、强调和特指句中的某个或某些成分，"在双方共同预设中激活新信息"，在不同的句法环境中表示揣测、夸张、醒悟、不满等情态语气意义，它不与某一具体的句类相联系，可以出现于多种句类中，针对不同句类、不同意义的句子赋予多样的情态语气特征。"呢[情态]"的主要功用并不是标记某种句类，而是将其情态语气特征赋予句子。

综上所述，"啊、吧、呢[情态]"是现代汉语语气词中表示情态语气的标句词，它们不标记句类，而是将其核心的本质的情态语气特征赋予整个句子命题。它们本质的核心情态语气特征在不同的句子中，与具体的句子和语境互动，从而产生种种具体的多样化的情态语气意义。

第七节　语气词连用现象及其解释

贺阳（1992）将汉语的语气系统分为功能语气系统、评判语气系统和情感语气系统等三个子系统，并明确指出"由于说话人表述命题时，除了要表明自己的说话目的，往往还要表明自己对命题的评判以及由命题所引发的情感，因此，在具体句子中，功能、评判、情感三种语气并不互相排斥，而是可同现在一个句子之中。"不管对于语气系统的具体区分如何，至少说明在同一个句子中，多种语气词的共现是有语义和实际运用上的客观需要的。

语气词的连用指的是句尾出现不止一个语气词，而能够发生连用现象的语气词多为单音节、最为常用的几个，我们暂且考察"的、了、吗、吧、呢、啊"六个常用语气词的连用情况。语气词的连用现象得到了诸多学者的关注，如赵元任（1979）、朱德熙（1982）、丁恒顺（1985）、吴竞存、梁伯枢（1992）、黄国营（1994）、齐沪扬（2002）等，学者们对语气词的共现和连用规律进行了细致的描写，但背后深层次的原因还有待进一步研究，例如语气词连用为何必须要遵循固定的先后顺序？固定的顺序是由什么因素决定的？为何有的语气词之间可以连用而有的不可以，等等。

一　情态语气标句词的层级系统

上文中我们将"的、了、吗、吧、呢、啊"看作汉语情态语气标句词系统的核心成员，将它们分为表示确认（"的"）、带有时态意义（"了、呢$_1$"）、句类标记（"吗"）和情态语气系统（吧、啊、呢$_2$）四个子系统。这些标句词作为功能中心语，分别投射出各自的标句词短语，标示各种不同的情态意义，其与句干的关系紧密程度不同，其并非在同一平面存在，而是具有层级性。层级结构反映到线性顺序上，就直接影响了共现的多个标句词的先后顺序，这就可以解释语气词连用时相对固定的顺序问题。为了表达丰富多样的情态语气意义，不同系统的语气标句词可以共现连用，它们分别占据着不同的功能中心语位置，互不影响；而同一个标句词系统中的语气词则不能共现连用，因为它们占据的是相同的位置，而同一个位置不可能同时容纳两个成分。

（28）

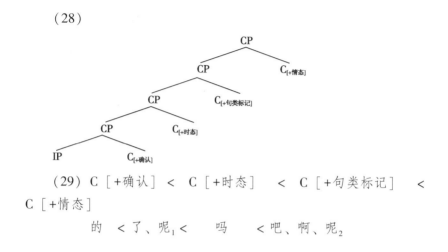

（29）C［+确认］ < C［+时态］ < C［+句类标记］ < C［+情态］

　　　　的 ＜了、呢₁＜ 吗 ＜吧、啊、呢₂

这六个语气词的连用主要表现出了以下连用规律：

第一，同一系统中的语气词不能共现连用；

第二，连用的语气词数量多数为两个语气词连用，三个连用的较少，四个的更是少见；

第三，连用时，层级结构中的位置决定着线性顺序，层级结构较低的语气词在线性位置上位于较高的语气词之前。一般情况下，层级结构较高的语气词的辖域大于层级结构较低的语气词，并且对句子情态语气特征的实现起主导作用；

第四，任何一个情态语气标句词都可能以零形式的方式出现。在连用时，不同层级的情态语气标句词可以缺位，但次序不能颠倒；

第五，"吗"是汉语中疑问句的句类标记，不管其是否在连用结构中位于最高层，它都决定着句子的句类即疑问句。其他的语气词无法改变句子的句类，只能赋予句子种种情态意义。

二 语气词的连用规律

语言是人类表达思想、传递感情的工具，而句子则是传情达意最基本的单位。句子所表达的情态语气意义常常是多样化的，语气词的连用就是多样化的情态语气表达的实现手段之一。语气词的连用使得句子所表达的情态语气意义相对语气词的单用更为丰富，而多个语气词之间由于意义和用法上的差异而分属不同的层级结构的句法特征，又为语气词的连用提供了合适的句法环境。

　　上文中我们将汉语最常用的六个语气词按照层级结构的由低到高分为 $C_{[+确认]}$ （"的"）、$C_{[+时态]}$ （"了，呢$_{[时态]}$"）、$C_{[+句类标记]}$ （"吗"）和 $C_{[+情态]}$ （"吧、啊、呢$_{[情态]}$"） 四个标句词系统，不同层级结构的语气词可以连用，但在层级结构中位置较低的语气词要位于位置较高的语气词之前。从理论上讲，连用的语气词数量可以有多个，但事实上绝大多数是两个语气词的连用，主要有 6 种可能性，而三个语气词的连用则非常少见，且语音上容易发生连读，书面上则常常体现为两个语气词。因此，我们暂且只考虑两个语气词连用的 6 种可能性和三个语气词连用中较为常用的一种类型。

　　（一）　$C_{[+确认]}$ + $C_{[+时态]}$ = "的了"，"的呢①"

（30）

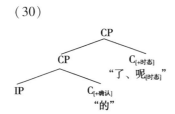

　　表示"确认"的语气标句词（"的"）位于情态语气标句词系统中的最底层，它可以作为前项和层级位置较高的三种情态语气标句词连用，首先来看其和带有时态意义的标句词的连用情况。

　　（31）有大王去缠住她，她绝对不会再有时间来麻烦他的了。（《浅水湾之恋》）
　　（32）唉！这一家人真够痛苦的了。（《救救她》）
　　（33）周冲：对了，我忘了我为什么来的了。（《雷雨》）

---

　　① 为了行文方便，我们在论述时将语气词的连用写作"的了、呢$_{[时态]}$"等（下同），实际上连用的两个语气词彼此之间并无结构上的直接关系，二者之间也并不构成某种结构，与它们发生直接关系的是前面的句子。这种结构上的关系可以从树形图清楚地看到。

上面三个句子中，句尾都是以语气词"的"和"了"的连用结尾。"的"首先对前面句子所述的事实进行"确认"，然后再附加上带有一定时态意义的语气词"了，呢[时态]"。

除了"的了"连用之外，还可见"了的"连用的现象，根据情态语气标句词的连用规律，层级结构位置较高的语气词在线性位置上要位于层级结构位置较低的语气词之后，而不能反过来，因此，理论上说应该只能有"的了"的连用结构出现，而不能有"了的"出现。齐沪扬（2002：179）指出"了的"的连用不成立。但在语料中，"了的"用在句尾并不罕见。

（34）a. 这是欧几里得在《几何原本》中证明了的。（北京大学CCL语料库）

　　　　b. 这个规律是由大量的观察所证明了的。

　　　　c. 必须使这些同志了解，我们党同民主党派和无党派民主人士的合作是长期的，这一个方针是早已确定了的。

　　　　d. 这是毛泽东同志早就说过了的。

上例中"了的"中的"了"并不是我们这里所讨论的语气词"了"，而是时态助词"了"，因此这些"了的"实际上并不是语气词的连用，更不能作为层级结构分析的反例。

丁恒顺（1985）指出"'了的'在剧本中偶尔出现，可能是方言用法"，并举出下例：

（35）她说她虽是妓女，可是当你在金陵做间谍的时候，她就嫁给你了的……（《名优之死》）

（二）$C_{[+确认]}$ + $C_{[+句类标记]}$ = "的吗"

（36）

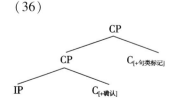

　　"的"附加在前面命题之上，表示对前述命题的确认，然后再附加上表示疑问的句类标记"吗"，构成句尾"的吗"连用的现象。从树形图上可以直观地看到，句类标记在层级结构中所处的位置高于带有［+确认］意义的标句词所处的位置，因此整个句子都位于句类标记"吗"的辖域之下，整个句子因而带有疑问语气，成为典型的疑问句。

　　（37）哎哟，杨大爷，我不是说一会儿就来陪您的吗？（《名优之死》）

　　（38）难道这个时刻聚集在这里的人，不都是来寻求一种慰藉和解脱的吗？

　　（39）而他们本不该不安，我们的党政工领导，支持他们不是应当应份的吗？

　　（40）广告也好，文章也罢，都是在科学的基础和法律的范围内产生的吗？

　　（41）大家津津乐道的深圳，不也是原来的宝山县发展起来的吗？

　　（42）还有许多家庭被烧掉的珍贵纪念品，这都是用钱能够补偿的吗？

（三）$C_{[+确认]}$ + $C_{[+情态]}$ = "的呢""的吧""的啊"

　　（43）

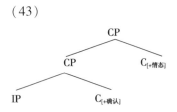

　　在用语气词"的"对前面句子所述命题进行确认之后，句子还可以带上多种不同的情态语气标句词，表示丰富多样的情态语气意义。"呢、吧、啊"附在不同类型的句干上，结合不同的句子环境，其核心的情态语气意义发生具体的实例化，同一个情态语气标句词往往可以表示多样的情态语气意义。此时，表示情态意义的标句词位于句子层级结构中的最高位置上，因此它对句子情态语气意义的表达起主要作用。

首先来看"的"与"呢[情态]"的连用现象。句尾用"的"对句子所述命题进行确认之后再附加上"呢[情态]"构成"的呢"连用，一种情况是可以用于非是非问句的疑问句末，突出前面句子中的疑问表达形式所带有的疑问信息，并加强疑问语气的表达效果，二者结合起来共同实现句子的疑问范畴。

（44）平海燕：怎么不是真的呢？（《全家福》）

（45）请问这位宣称自己是猴子后裔的先生，您是通过祖父还是祖母接受猴子血统的呢？（北京大学 CCL 语料库）

（46）a. 我倒想问对方辩友，你们的吉林是不是立足于当地吸纳的呢？（同上）

　　　b. 但是，欧洲和亚洲是不是从来就这样划分的呢？

（47）a. 那么，冬眠的蟾蜍是怎样在这岩层里生活下来的呢？（同上）

　　　b. 是什么人、在什么时候、抱着什么目的雕刻的呢？

　　　c. 但是苍蝇并没有"鼻子"，它靠什么来充当嗅觉的呢？

　　　d. 是谁不让我参加会的呢？

"的呢"在上述四组例子中分别用于反问句、选择问句、正反问句和特指问句的句尾，突出句中由词汇形式或句法形式表达的疑问信息，同时句子的疑问语气也更为鲜明、更为强烈。

"的呢"连用还可以用在感叹句末，一方面表达感叹语气，同时还包含有向大处、多处等夸张的意味（丁恒顺 1985）。

（48）秦仲仪：当年你爸爸给我的那点粗钱还不够我喝茶用的呢！（《茶馆》）

（49）卫母：嗐，我的老衣裳拆拆改改大概还够穿二十年的呢！（《女店员》）

（50）疯子：……现在人心大变了，我干点什么好呢？去卖糖儿、豆儿的，还不够我自己吃的呢。（《龙须沟》）

（51）大概我也会像先生一样长寿的呢。（北京大学 CCL 语料

库）

下面来看"的"和"吧"连用的具体情况。徐晶凝（2003）将"吧"的情态语义概括为"对命题内容作出推量，并要求确认"，"吧"的核心情态意义在不同类型的句子中具体化为适应句子语义特征的情态语气特征。"的吧"用于祈使句末，"的"对句子所述命题进行确认之后，"吧"使祈使句的命令语气更加委婉：

（52）a. 要知道，赚钱也很不容易，无情的竞争，残酷的文明，卷进去以后马不停蹄，很累很累，请来点儿有刺激性的吧……

b. 这些东西，你们到上海买新的吧！

"的吧"还可以用在陈述句的句尾，在对前面命题确认之后，"吧"使句子带有委婉的语气特征，同时又表达出了说话人对所述内容进行推测并希望得到听话人确认的意味：

（53）a. 孙四海将门掩到一半停下来，低声说："我同意，就算是学校决定的吧！"

b. 也许我是喜欢有序的生活的吧，即便是做一个最普通的晒太阳晾衣服的女人……

c. 我以为，青年学生和知识分子，大概很少是不读书的吧！

d. 笔者没有解释它的奢望，但肯定这种事实总还是允许的吧。

"的吧"也可以用于疑问句末，首先对前面句子所述命题进行确认，然后通过"吧"使句子带上一种揣测的情态意义，从而传达出等待听话人确认的意味，使句子具有疑问语气：

（54）a. 你能证明你们卖的烟是从玉溪烟厂批出来的吧？

b. 老师，那是巧克力做的吧？

　　情态语气标句词系统中的另一个成员"啊"也可以在句尾和表示
［+确认］的语气词"的"连用。"的啊"可以用于感叹句末，表示强烈
的感叹语气：

　　　　（55）a. 良师是永远值得尊敬的啊！

　　　　　　　b. 他的欣慰是他付出了多少辛劳换来的啊！

　　　　　　　c. 这是多么令人自豪的啊！

　　　　　　　d. 这是多么值得我们敬重学习的啊！

　　"的啊"还可以用于疑问句末，帮助增强疑问语气色彩（丁恒顺
1985）：

　　　　（56）a. 共产党员怎么个模样的啊？（《我的两家房东》）

　　　　　　　b. 哪有公安局开饭馆的啊？

　　　　　　　c. 心急的二虎问道："那你怎么跑出来的啊？"

　　（四）$C_{[+确认]}$ + $C_{[+时态]}$ + $C_{[+情态]}$ = "的了啊（的啦）"

　　　　（57）

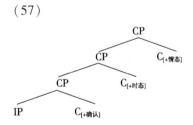

　　由于"了+啊"连读时总是融合成"la"，书面上写成"啦"，因此，
"的了啊"常常写作"的啦"。"啊"在层级结构中的位置最高，它对整
个句子情态语气意义的实现起决定作用。"的啦"可以用在多种类型的句
子结尾，帮助句子表达更为强烈的情态语气意义。如"的啦"可以用于
感叹句末，语气色彩比"的了"更强烈些（丁恒顺1985）。"的啦"还可
以用在疑问句句尾。

　　　　（58）a. 天亮的时候，空气很冷的啦。

　　　　b. 我一天上班，就够累的啦，这儿子还这么不让人省心，太可恶了！

　　　　c. 这双鞋子呢，当然也不例外是鱼皮做的啦。

　　　　d. 他说行，行啦，就看你的啦！

　　　　e. 现在看你们表兄弟俩的啦！

（59）a. 那么说，你和我一样，是完全自由的啦？

　　　　b. 众人一进门，稀罕地叫着："怎么今天来了卖货的啦？"

（五）$C_{[+时态]}$ + $C_{[+句类标记]}$ = "了吗""呢$_{[时态]}$吗"

（60）

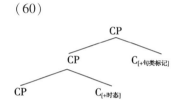

　　语气词"了、呢"首先附加在小句上，分别表示一种新情况的出现或进入小句命题的状态（容新 1997，金立鑫 2003，Pan & Lee 2004，石定栩、胡建华 2006 等），和动作或状态的持续，然后句类标记"吗"进一步附加其后，将整个句子纳入其辖域之内，整个句子具有了疑问语气特征。

　　（61）a. 难道在钞票上印上库尔德农妇的形象就表示她们开始当家做主了吗？

　　　　　b. 如果同性恋的成因就像左撇子的成因一样，常人不就不会歧视同性恋了吗？

　　　　　c. 如果不一并解决的话，那不就太可惜了吗？

　　（62）a. 吴胖子一惊，转转眼珠，狡黠地说："偷？这怎么叫偷呢你徐总经理不是也委托杜工程师，用电脑，躲在金一趟家里偷偷地分析秘方儿呢吗？……"（《皇城根》）

　　　　　b. 黄大兴："是是！这不正想法子呢吗？"（郭宝昌《大宅门》）

　　c. 不就在炕上撂着呢吗?（礼平《小站的黄昏》）

（六）C$_{[+时态]}$ + C$_{[+情态]}$ = "呢$_{[时态]}$吧""了吧""呢$_{[时态]}$啊""了啊""了呢$_{[情态]}$"

（63）

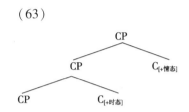

　　"了、呢$_{[时态]}$"还可以与表示情态意义的标句词连用，构成"呢$_{[时态]}$吧，了吧，呢$_{[时态]}$啊，了啊，了呢$_{[情态]}$"等多种连用现象。"了、呢$_{[时态]}$"首先附加于小句上，与小句中某些表示时态等意义的成分同现，然后表示情态意义的标句词进一步附加于整个句子上，将整个句子纳入其辖域之内，使句子带上某种情态语气特征。

　　首先，"了，呢$_{[时态]}$"可以和"吧"连用。"吧"将其带有的不肯定、不确信的意义（吕叔湘1980，胡明扬1981，邵敬敏1996，齐沪扬2002等）和等待听话人确认的特征（徐晶凝2008）赋予整个句子，使整个句子纳入其情态语气辖域之内。

　　李晟宇（2005）指出句末带连用语气词"呢吧"的是非问句与句末带语气词"吧"的疑问句相似，主观性较强，都含有问话人的主观推测。

　　（64）a. 起明："你问我呢吧? 我想找份工作。"（《北京人在纽约》）

　　　　b. "你就等着我说这句话呢吧? 你就逼着、折磨我好让这句话从我嘴里说出来呢吧?"杜梅恶狠狠地遇到我面前，"你早盼着跟我离婚呢吧? 一天到晚琢磨的就是这个。"（王朔《过把瘾就死》）

　　　　c. 你怎么那么淘气。士兵笑着说，骗我呢吧? 我这可有电话能打保育院。（《看上去很美》）

　　　　d. 爸，您这是逗我玩呢吧?（王朔《我是你爸爸》）

"了吧"用于疑问句末，表示对新情况的估计或推断；用于祈使句句尾时，带有表示阻止、劝阻等情态语义特征：

（65）a. 妈，你看见人家的信了吧？（《救救她》）

b. 李建：（一惊）噢！和家庭没有什么关系了吧？（《报春花》）

（66）洪宣娇：唉，请您再也不要提起我们从前战长沙的事了吧。（《天国春秋》）

其次，"了，呢[时态]"还可以和"啊"连用，构成"了啊，呢[时态]啊"连用的结构。丁恒顺（1985）指出"呢啊"连用在连读中，语音上常常融合成一个音节"na"，在书面上写作"哪"：

（67）a. 他有工时卡着呢啊，你爱歇多少天歇多少天。

b. 到时候，有关单位人员都来参与管理、服务，大过年的谁能白干哪？

"了啊"用于句子末尾，在"了"表示对新情况的确认或表示进入句子所述状况的基础上，"啊"使句子带上了强烈的感情色彩。"了啊"可以用在感叹句、疑问句、祈使句等的句尾表示强烈的感情色彩。

（68）a. 世道太不公平了啊！

b. 你变得多么漂亮了啊！

c. 我立刻心里一沉，说："那……那你怎么让那个拎黄口袋的人上车了啊？"

d. 出个好东西不容易，可千万别把它给毁了啊！

最后，"了呢[情态]"常常用于疑问句句尾，强调突出疑问信息，并使句子带有一定的感情色彩：

（69）a. 汕头国际大酒店没有采用歪门邪道的"绝招"来吸引顾客，是不是生意就不兴隆了呢？

b. 当初爱得要死要活的一对恋人，怎么会说分手就分手了呢？

"了呢[情态]"还可以用在感叹句的句尾，表示强烈的感情色彩：

（70）a. 要不是遇到你这样的观音菩萨，说不定我现在已经饿得没力气说话了呢！

b. 上海的小孩挺有礼貌的，一个个小嘴巴亲热地叫着"婆婆""奶奶"的，把个老人叫得好开心，脸上的皱纹都舒展了呢！

（七）C[+句类标记] + C[+情态] = "吗呢[情态]""吗啊""吗吧"

（71）

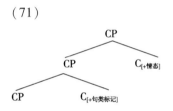

"吗"是汉语疑问句的句类标记，它决定着句子的疑问范畴，"吗"出现的句子必定是疑问句。人们在表示疑问、寻求回答的同时，还可能需要表现其他情态意义，因此表示疑问语气的句子也可以带上其他丰富的情态特征，句类标记"吗"可以和多个情态标句词连用，构成"吗呢[情态]、吗啊、吗吧"的连用结构。

（72）a. 她已属别人，还想她干吗呢？

b. 你妈妈说还考研究生干吗呢？

c. 你家？俺去你家干吗呢？

（73）a. "你干吗啊？"娄红笑嘻嘻地甩开吴刚。

b. "他回来干吗啊？"刘云平静地反问。

c. "哎，娄红，晚上干吗啊？"耿林故意把话说得大大咧咧。

（74）"我们信我们信。"前排观众说，"你们就说要干吗吧？"

上述三组例子分别是"吗呢、吗啊、吗吧"连用的现象，虽然句尾的情态标句词不同，句子所带有的情态意义也存在差异，但这些句子依然都是疑问句，尽管句类标记"吗"在层级结构中位于情态标句词短语之下，在线性结构中并不位于句尾，但其依然决定着整个语气的疑问语气特征。句尾的情态标句词赋予句子种种情态意义，但却无法改变句子本身的句类，这更加证明了"吗"作为疑问句的句类标记的性质。

第八节 "可"类疑问语气标句词

《现代汉语词典》指出"可""用在反问句里加强反问的语气"，"用在疑问句里加强疑问的语气"。《现代汉语八百词》指出在比较早期的著作中，"可"表示疑问。

朱德熙（1985）指出吴语、西南官话和下江官话中存在"可 VP"问句，不同的方言中在 VP 前的疑问副词不相同，闽南话中用的是"格"，苏州话用"阿"、合肥话用"克"、汕头话用"岂"；"可 VP"型问句大量出现在明清时代的白话小说如《西游记》、《儒林外史》、《金瓶梅》等中。（为了行文方便，我们统一用"可 VP"及"可"来指代。）此后，学者们对汉语方言中的"可 VP"问句展开了很多研究，如刘丹青（1991）对苏州方言中"可 VP"问句的研究，汪如东（1994）对海安方言的"可 VP"句式的研究，何元建（1996、2007）对可字型问句的反诘语气的研究，李孝娴（2006）对固始方言"可 VP"问句的考察，王琴（2008）对安徽阜阳方言中"可 VP"反复问句的研究，赵金枝（2008）对安徽无为话中"可 VP"问句的研究，等等。

有关"可 VP"问句中"可"的性质问题，主要有以下几种观点：一是"疑问副词说"（朱德熙 1985，何元建 1996、2007）；二是"情态副词说"（Malmqvist 1986）；三是"话题焦点敏感算子说"（高松 2009），等等。

我们认为"可 VP"问句中的"可"是一个表示疑问范畴的疑问语气标句词，类似于"吗"，它决定着句子的类型，也是方言疑问句的句类标记。"可"与"吗"都是汉语中疑问句的句类标记，决定着疑问句的句子类型，二者的差异在于句法位置的不同，"吗"位于句尾，而"可"则位于句子三个敏感位置之一的谓头位置即主语和谓语之间。

（75）

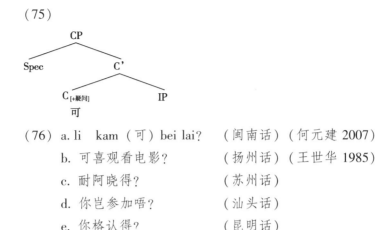

（76）a. li kam（可）bei lai?　　　（闽南话）（何元建 2007）

　　　b. 可喜观看电影?　　　　　（扬州话）（王世华 1985）

　　　c. 耐阿晓得?　　　　　　　（苏州话）

　　　d. 你岂参加唔?　　　　　　（汕头话）

　　　e. 你格认得?　　　　　　　（昆明话）

　　　f. 你克相信?　　　　　　　（合肥话）

前文中我们论及的言说标句词和情态语气标句词分别位于句首和句尾，根据徐杰（2005、2010b），除了句首和句尾之外，谓头是另一个句子敏感位置。"可 VP"问句中的"可"即位于谓头位置，它本身具有[+疑问]特征，决定着整个句子的类型，并将其标记为疑问句。

一　"可 VP+语气词"问句

在汉语方言和白话文中，有一些"可 VP"句子在句尾带上了语气词，构成"可 VP+语气词"的格式。如张敏（1990）发现嘉山、全椒、芜湖、阜阳、濉溪等方言中使用"可 VP+吗"句型，指出这是由"可 VP"和是非问句"VP 吗"混合形成的；阜阳方言中"可 VP"句末可以不出现语气词，但也有带句末语气词"芒、唠、来、蔫"的情况（王琴 2008）；近代汉语白话文中"可 VP 么"句型也是如此。何元建（1996、2007：249）指出白话文中"可"字型问句带有语气词"么"的话，句子就带上了反诘语气，"么"是表示含蓄语气的助词。

（77）a. 只位相公，可就是会画没骨花的么?（《儒林外史》）

　　　b. 钱师父，你们的散花钱可该送与我老人家么?（《金瓶梅》）

　　　c. 呆子! 可吊得自在么?（《西游记》）

（78）a. 恁可相信俺芒?（阜阳方言 王琴 2008）

　　　　你相信没相信我？

　　b. 恁明个儿可去上海唠？

　　　　你明天还去不去上海了？

　　c. 这道理可明白来？

　　　　这道理明白不明白？这道理明白了吗？

　　这种"可 VP+语气词"的格式可以用标句词短语 CP 的套叠来分析：

（79）

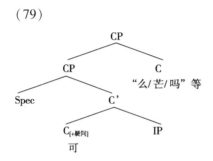

　　"可 VP+语气词"是在带有疑问语气标句词"可"的基础上，在句尾添加上了语气词"么/芒"等，句尾这些语气词的主要功能并不是表示疑问，更多的是赋予句子一些情态语义特征，属于上文提及的位于句末的情态语气标句词系统。这种分析方法和上文中对情态语气标句词系统的层级分类是一致的，在用作句类标记的标句词的上层还有主要标示情态意义的标句词，主要承担赋予全句情态意义的功能。如阜阳话中，出现在"可VP"句尾的语气词主要包括"芒、唠、来、蔫"等，这些语气词所具有的情态特征不同。"芒"相当于普通话中的"没"；"唠"相当于普通话中的"了₂"，表示出现新情况，"唠"带有感情色彩，带有说话人不耐烦的情绪特征；"来"也带有不耐烦的情态特征，"蔫"则大致相当于普通话中的"呢"，用在"可 VP"句中使语气缓和，并带有深究的意味。（王琴 2008）带上这些语气词之后，句子所具有的情态特征是单纯的"可VP"句子所不具备的，"可"只表示疑问，不带有任何情态意义。

　　在"可 VP+语气词"的句型中，如果所带上的语气词是纯粹表示疑问范畴的，那么虽然"可"与语气词单独都可以表示疑问范畴，一个位于谓头位置，另一个位于句尾，但在二者同现的情况下，表达疑问的任务则主要由其中一个成分承担，从信息论的角度看，另一个实则是羡余成分，它的主要功能是起加强疑问语气或表示某种情态的作用。例如在阜阳方言中，"可 VP"中的"可"是唯一的疑问标志，承担着句子的疑问功能；而句末带语气词的"可 VP 芒"中，"可"和"芒"都是疑问标志，"可"的疑问功能减弱，"芒"所处的位置是通常表示语气的句末位置，又负载着表示疑问的上升语调，因此"芒"承担了主要的疑问功能（王琴 2008）。

二　"可+VP-neg-VP"问句

在某些方言中存在着疑问语气标句词"可"与正反重叠形式共现的结构，构成"可 VP 不 VP"格式。黄正德（1988）、Huang, Li & Li（2009）在研究正反问句的生成机制时，涉及了方言中 VP 前表示疑问的 K 成分与正反重叠格式共现的现象，指出 K 成分只能与"VP-neg-V"格式共现，而不能与"V-neg-VP"格式共现。黄正德（1988）、Huang, Li & Li（2009）将这种现象归因于正反问句"VP-neg-V"与"V-neg-VP"两种格式不同的生成机制：将"V-neg-VP"看作深层形式是一个带有疑问屈折词组的简单句，包含一个带 ［+Q］ 属性的屈折范畴，这个抽象的屈折范畴可以用语音表现方式"重叠"来实现，同时这个抽象的 ［+Q］也可以由动词前的"kam"等小品词来实现。但句子一般只能选择其中一种实现方式，由于"V-neg-VP"已经通过语音上的重叠实现了 ［+Q］，因而就不能在句中再出现"kam"等表示疑问的小品词了。

根据朱德熙（1985）、邵敬敏等（2010）等的研究，"K-VP"格式主要分布在吴语区、客话区、闽南话、江淮方言区、西南方言区和北方方言区的某些方言中，而某些方言中这种格式的存在是由于方言之间的渗透和互相影响。邵敬敏等（2010）指出近代汉语的"可"字疑问句在部分北方方言、部分中部方言以及部分南部方言中有遗留，但在其他方言中却已经被别的类型所替代，如北京方言。《金瓶梅》中一般动词都可以加上"可"来发问，其中出现了很多将两种句法结构混用的现象，如"可有"跟"有 O 没有"、"可 VO 没有"混合的句式。这与黄正德（1988）所指出的 K 成分与"VP-neg-V"格式共现的现象是一致的。朱德熙（1985）、施其生（1990）、刘丹青（1991）的研究表明，安徽话、扬州话、苏州话和汕头话中也存在把"K-VP"和"VP-neg-VP"糅合在一起的混合型

"K-VP-neg-VP"。

但文献和方言中也存在 K 成分与 "A-neg-A" 或 "V-neg-V" 和 "V-neg-VP" 格式混合使用的句式。

  （80）"可好不好"（《儿女英雄传》，邵敬敏等 2010）

  （81）"可香不香"（安徽东流话，朱德熙 1985）

  （82）"你阿吃不吃啊?"（南京话，张薇 2009）

  （83）"这个煤气灶阿能不能用啦?"（同上）

"好不好""香不香""吃不吃"明显是由重叠机制生成的，"阿能不能用"中"K 成分"与"V-neg-VP"格式明显的是可以同现的。可见，从所搜集到的方言证据看，K 成分并不是绝对地与"V-neg-VP"格式也就是重叠机制"排斥"的，在某些方言中二者是可以共现的。因此能否与 K 成分共现并不能作为"V-neg-VP"与"VP-neg-V"的关键性差异，从而断定二者是由完全不同的机制生成。

在汉语疑问范畴的表达中，反复问句（包括"A-neg-AB"式和"AB-neg-A"式等次类）所代表的"正反重叠"操作手段，与添加疑问语气词或 K 成分等所代表的"添加"操作手段从本质上来看是互相排斥互相补充的（徐杰 2001）。不管是台湾闽南语等方言中 K 成分与"VP-neg-V"格式的共现，还是与安徽东流话等方言中 K 成分与"V-neg-V"格式的共现，"正反重叠"与"添加"的"互相妥协"、"同时运用"只是表面现象，我们赞同朱德熙（1991）的观点，这种共现现象其实是两种格式的杂糅。"K-VP"格式与"V-neg-VP"或"VP-neg-V"格式出现的时间不同，由于受其他方言影响等原因而出现时间较晚的句式，作为一种创新性的格式，可能为了适应语言中本有的反复问句格式而与其进行了融合，从而出现了两种句法格式杂糅的现象，朱德熙称之为"本地化"。这种杂糅或"本地化"只是语言演变过程中多种因素作用下的常见现象：一种句法格式还未完全退出历史舞台，新的句法格式已经产生，表示同一语法范畴的两种句法格式很容易混合杂糅在一起，它是过渡时期的产物，是"不同时代产生的语法结构的层次积压现象"（游汝杰 1993）。有的杂糅形式也有可能被保留下来，因此在某些方言中这些杂糅形式至今还在一定程度上可以接受。既然是杂糅，那么一般来说杂糅的对象应该不是绝对的，"K-VP" 格式既可能与 "VP-neg-V" 式杂糅，在某些条件下也可能与 "V-neg-VP" 或 "V-neg-V" 式杂糅，这在方言中已经得到了证实。

之所以有不止一种方言中出现了 "K-VP-neg-VP" 混合形式，与其具有一定程度上的句法实现可能性有一定关系。从句法位置上来说，两种句式杂糅之后构成的混合形式 "K-VP-neg-VP" 中的 K 成分和重叠形式之间在句法位置上能够各得其所：正反重叠的位置是在句中 I 位置，而 K 成分则是表示疑问范畴的标句词，"可" 不仅可以表示疑问，同时在某些方言中也可能带有一定的情态特征。

（84）

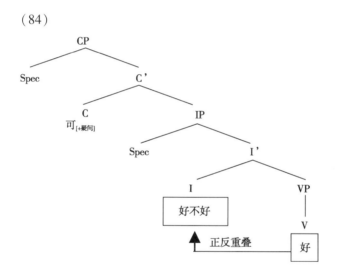

位于不同句法位置上的两种疑问表达手段都能单独表示疑问，但在同现的情况下，表达疑问的任务则主要由其中一个成分承担，从信息论的角度看，另一个实则是羡余成分，它的主要功能已经不是表示疑问，而是起加强疑问语气或表示某种情态的作用，因此这种混合形式的存在并没有违背黄正德（1988）、徐杰（2001）等提出的汉语不能同时使用两种手段表示疑问的原则。

第九节　"V+看+S" 结构中的间接疑问标句词 "看"

汉语中 "看" 除作动词之外还有多种用法，陆俭明（1959）把下面两例中用在动词重叠等结构后、位于句尾的这类"看"处理为表示试探语气的语助词。

（85）这点黄麂肉，你们尝尝看。（《小剧本》1959 年第 3 期）
（86）婶婶的西房要是不好腾，我先到别处找找看，……（赵树理《二里湾》，此二例转引自陆俭明 1959）

与此种现象密切相关，"看"后常常还带有一个疑问形式的小句：

（87）你听听看好不好听。
（88）你打电话看他来不来。
（89）我想想看明天怎么办。

朱景松（1998）、张磊（2009）等把"VV 看"类结构看作是"VV+看+疑问小句"结构的省略形式，但（87-89）中的"看"（为行文方便，下文简称句中"看"）和陆俭明（1959）所认定的语助词"看"至少存在以下几种差异：

一是语助词"看"位于句尾，除少数其他语助词外，后面不能出现其他成分；句中"看"后面带有疑问形式的小句。

二是语助词"看"后有语音停顿，且往往是句尾的停顿，语音停顿不能在"看"前；但在"V+看+S"结构中，语音停顿可出现在"看"前或后。

三是语助词"看"一般可省略而不影响句子成活，但句中"看"有时可省略，有时不可省略。

语助词"看"和句中"看"的句法性质和功能相异，句中"看"不能视为语助词。句中"看"的句法属性与"V+看+S"结构的句法语义特征关系密切。

一　"V+看+S"内部成分的句法特征

能够进入"V+看+S"的结构成分在句法形式上具有一些特征。

（一）V 的结构类型

"看+S"能够出现在多种类型的动词和动词短语后，与陆俭明

（1959）提出的语助词"看"所附的 VP 类型大体一致：

1. 动词重叠式 VV

　　（90）你闻闻看香不香。

2. "V 一 V"等单音节动词重叠式

　　（91）你尝一尝看合不合你口味。

3. 述补结构
A. 补语是数量词

　　（92）你先干两天看能不能习惯这个工作。

B. 补语是趋向补语

　　（93）你把那只狗关进去看它还叫不叫。

4. 述宾结构
A. 述语是动词重叠式

　　（94）我问问妈妈看有没有人找我。

B. 述语不是动词重叠式

　　（95）你讲个笑话看好不好笑。

（二）S 的类型

这里小句 S 一般为疑问小句。汉语疑问句一般分为是非问句、正反问句、选择问句和特指问句四类，四类疑问形式表达疑问的手段不同，或添加句尾疑问语气词"吗"，或进行正反重叠，或使用带有疑问特征的词汇成分等（徐杰 2001），它们所出现的句法环境也存在差异。就"V+看+S"

格式来说，除了带"吗"的是非疑问式之外，另外三种疑问形式和"是否"构成的间接是非问都可自由进入。

1. 正反疑问式

正反重叠是汉语表达疑问的重要句法手段，"重叠（+删除）"句法操作手段运行，生成了"A 不 A""A 不 AB""AB 不 A"等多种类型的正反重叠式（徐杰、田源 2013）。各种类型的正反重叠式都能进入"V+看+S"结构。

> (96) a. 我跟他打电话看他去不去。
> 　　　b. 我跟他打电话看他去学校不去。
> 　　　c. 我跟他打电话看他去不去学校。

2. 选择疑问式

由带有［+Q］疑问特征的"还是"连接几个选择项构成的选择疑问表达式，也可进入"V+看+S"结构。

> (97) 你问问院长看去梅园、桂园还是樱园。

3. 特指疑问式

疑问代词本身的［+Q］疑问特征赋予了其所出现的句子以疑问语气，构成的特指疑问式可以进入"V+看+S"格式。

> (98) 你算算看有几个人来开会。

4. 间接是非问式

汉语是非问句疑问范畴的实现主要依靠句尾的疑问语气词和语调，而从句的从属性地位决定了那些属于句子层面的语气和语调等语用因素都不能出现在从句中（徐默凡 2005），是非问句充当宾语从句只能出现在"问、说"类动词后的直接引语中（王婵婵 2008），或者使用"是否"等词汇形式构成间接是非问句，才能充当宾语从句。

> (99) 你调查一下看他是否真的被骗了。

二　"V+看+S"的两种结构类型

"V+看+S"结构的句法性质和结构，与动词短语的语义类型存在密切关系，VP中动词的语义类型及其句法属性决定着"V+看+S"整体的结构类型，同时决定着内部组成部分之间的结构关系。

（100）你猜猜＊（看）猜不猜得到。
（101）你猜猜（看）总共几个。

上两例中，只有（101）的"看"可以省略而不影响句子成活，这与"V+看+S"的不同的句法结构有关，（100）和（101）分别代表了"V+看+S"的两种句法结构：连动式和动宾式。

（一）连动式

一般认为，连动式中前后项动词短语之间表示先后发生的动作、方式与目的等多种语义关系，多遵循时间顺序，先出现的动作出现在前，且一般情况下两个动词短语的位置不能互换，或互换后或者会改变语义或语法关系（黄伯荣、廖序东2002，朱成器2002，张斌2000，刘月华等2001）。

（102）你讲讲看学生们听不听得懂。

（102）中的"看"不能省略。该句中"看"是动词，具有广义"测试"义，疑问小句是动词"看"的宾语，"所构成的"V+看+S"结构，满足连动式的条件；在语义上，"看+疑问小句"是通过前面动词所表示动作而希望获得的某种认识，是前面动作的目的。或者说前面动词所表示的动作"提供了达到某种认识的手段"（朱景松1998）。

能够出现在连动式"V+看+S"结构中的动词类型可以是包括带疑问小句宾语的动词在内的多数动词，远远多于动宾式。只要语义环境合适，只要后面的疑问小句是通过动词所表示的动作能够获得的某方面的合理认识，多数动词都可以构成连动式"V+看+S"。但动词不能是光杆形式，一般是重叠式和述补式等。

1. 带疑问小句宾语的动词

（103）a. 你介绍介绍（看）他是怎样自学的。
       b. 你介绍介绍看他们听不听得懂。

上例中，前面 VP 中的动词是带疑问小句宾语的动词①，但其所构成的 a、b 两句中 "V+看+S" 的句法结构并不一样。a 句是动宾式，疑问小句是这些动词的宾语，"看" 可以省略；b 句则是连动式，"看" 不能省略，疑问小句是 "看" 的宾语。

2. 普通及物动词

（104）你打他一下看他还不还手。
（105）你送他一个贵重的生日礼物看他还怎么生气。
（106）我把脸上擦满了橄榄油看还干不干。
（107）＊他已经被打断了一条腿看还敢不敢闹事。
（108）我昨天打断了他一条腿看他还敢不敢闹事。

普通的单及物动词和双及物动词带上单宾语和双宾语后，其后依然能出现 "看+疑问小句"。前面动词还可构成 "把+NP+VP" 结构整体做连动句的前项，后面的 "看+疑问小句" 做后项依然表示前面动作的目的。但前面若是被动结构的话，句子的合法性就差了很多（如（107）），这与被动化之后的动词在某种程度上丧失了一般意义上对动作的描述性有关，当换成主动式（如（108））后，句子自然就合法了。

3. 不及物动词

（109）你跑跑看几分钟能到终点。
（110）你走一下看腿还疼不疼。

---

① 根据能否带小句宾语，可以把汉语动词分为两类；根据是否要求小句宾语必须为疑问形式，又可以把可带小句宾语的动词分为两类。汤廷池（1981）、陈炯（1984、1985）、尹世超（1985）、王明华（1989）、李临定（1990）和温锁林（2004）等从汉语动词的分类、不同类别动词的特点以及疑问小句宾语对主句语气的影响等方面进行了深入研究，但均未涉及常与疑问小句共现的 "看"。

　　（111）你笑笑看能不能打动他。

　　不及物动词构成重叠式、述补结构等，也能够带上"看+疑问小句"构成连动句，前项动作是实现后者的手段，或后项是前项动作实施的目的，"看"不能省略。

　　连动式"V+看+S"中，VP中动词带不带宾语或宾语与疑问小句主语是否一致，对整个结构的成立并无太大影响，因为连动式的前后两项表示的是相关但又相互独立的"动作"，二者更多的是语义上的相关性联系。

　　（112）a. 你给王秘书打个电话看李校长什么时候出发的。
　　　　　　b. 你给老王打个电话看他走到哪儿了。

（二）动宾式

　　（113）你尝尝（看）好不好吃。
　　（114）你比较一下（看）哪个项链好看。

　　整体上看，上例中"V+看+S"是动宾结构，疑问小句是前面动词的宾语，"看"可省略而不影响句子成活，是连接动词和其宾语小句的标句词。这种动宾式对动词有特殊要求。

　　李临定（1990）根据所带小句宾语是否为疑问形式，将动词分为AB两类，其中B类动词（如"重视、明白、了解、考虑"等）必须带疑问形式的小句宾语。能够出现在动宾式"V+看+S"结构中的动词都是汉语中带疑问小句宾语的动词，但带疑问小句宾语的动词构成的"V+看+S"结构并非都是动宾式，还有可能是连动式（如（103））。

　　朱景松（1998）为了证明动词重叠并非一定表示尝试义，曾指出能进入表尝试意义的"VV，看VP不VP"等格式的动词包括两类，一类是"表示的动作其直接结果就是句子所要达到的某种认识或认同"，另一类是"动词表示的动作其直接结果不是句子要达到的认识，但这种动作提供了达到某种认识的手段"，并列举了部分第一类动词：

　　比　比较　猜　尝　测量　测试　测算　测验　称（重量）

揣测　揣度　揣摩　揣想　打量　掂　掂量　观察　估计　核查　核
对　核计　核算　衡量　计算　检查　检测　检点　检验　检视　较
量　看　考虑　量（liáng）　品　品尝　品味　品议　瞧　商量
算　听

　　这些动词都属于可带疑问小句宾语的动词，在合适的句法语义环境下都能构成动宾式"V+看+S"。可见，可带疑问小句宾语的动词能够构成"V+看+S"结构，但只有还满足当疑问小句所表示的某种认识是前面动词表示动作的直接结果这个条件时，构成的才是动宾式，如（115a）和（116a）。

（115）a. 你尝尝看这个菜好不好吃。
　　　　b. 你尝尝这个菜看好不好吃。
（116）a. 你们比一下看谁高。
　　　　b. 你们比一下个头看谁高。

　　动宾式"V+看+S"中动词和疑问小句之间的动宾关系，决定了位于二者之间的"看"的句法属性和功能。"看"的语义已不如动词般明确和实在了，其更主要的作用是在句法上为动词引导其宾语小句，符合"标句词"的特征。因此，动宾式"V+看+S"中的"看"是一个由动词"看"语法化而来的标句词①。

　　（115—116）中，b句都比a句在动词后多了一个名词性宾语，动词的名词性宾语出现与否所形成的"V+看+S"格式的句法结构存在差异。李临定（1990：195—199）把能带名词性宾语、动词性宾语和小句宾语中其中两种宾语类型的动词看作双系动词，其中一类双系动词即既能带名词性宾语又能带疑问形式小句宾语，如"审查、探究"义、"协商、议论"义、"观察、推测、计算"义、"思索、解释"义等。当这类双系动

　　① "标句词"是形式语法和语言类型学研究中的重要课题，最初意义上的"标句词"指的是补足语从句标记，即充当动词补足语的小句（如宾语从句和主语从句等）所带的标记。普通话中的"道"（刘丹青 2004）和汉语方言中"讲、话"（方梅 2006，郑良伟 1997，Yeung 2003）等言说动词已语法化发展出了标句词的用法，与"看"的标句词用法不同之处在于，"说"引导的补足语小句都是陈述性的，而"看"则要求是疑问形式的小句。

词进入动宾式"V+看+S"，且名词性宾语也出现时，整个"V+看+S"就构成了一个特殊的双宾结构，即名词性宾语为近宾语，疑问小句为远宾语①。

  （117）a. 你问问他看明天什么时候开会。
     b. 你问问他明天什么时候开会。

  这类双宾结构中的"看"一般情况下可以省略而不影响句子成活，也不改变句法结构。（118a）和（119a）分别是双宾式和单宾式，分别省略"看"后，（118b）和（119b）表层形式一样，但其来源并不同。

  （118）a. 你尝尝这个菜看好不好吃。
     b. 你尝尝这个菜好不好吃。
  （119）a. 你尝尝看这个菜好不好吃。
     b. 你尝尝这个菜好不好吃。

（三）两种结构的句法差异

  （120）a. 你考虑考虑（看）他去是否合适。
     b. 看他去是否合适，你考虑考虑。
     c. 他去是否合适，你考虑考虑（看）。
  （121）a. 你考虑考虑看能不能自己想通。
     b. ? 看能不能自己想通，你考虑考虑。
     c. * 能不能自己想通，你考虑考虑看。

  （120）中疑问小句可以前置，而（121）中疑问小句前置后影响句子成活，这与连动式与动宾式的句法性质有关。连动式中前后项动词短语之间可表示先后发生的动作、方式与目的等多种语义关系，但"不管语义

---

  ① 李临定（1990：164—168）将带双宾语的动词分为"给予"义、"取得"义和"叙说"义三类。其中"叙说"义动词所带远宾语一般都是小句或动词短语，其中"问、盘问、请示、请教"等动词也要求远宾语为疑问形式的小句。可见，由疑问小句充当双宾语的其中一个组成部分并非特例。

关系如何，排列顺序大都是遵循时间顺序，即先出现的动作在前"（黄伯荣、廖序东 2002：125—126）。因此，连动句中两个动词短语的位置不能互换（朱成器 2002：152），互换后或者会改变语义，或者会改变语法关系，或者不成句子（张斌 2000：91，刘月华等 2001：705）。而"一般'主语—动词—宾语'格式的句子，可以将宾语提到主语前面来而原义不变，句子形式作宾语的句子也是这样"（胡附、文炼 1955：142）。

　　另外，连动式和动宾式"V+看+S"中"看"的差异不仅体现在能否删除上，并且在能否重叠上也有显现。

　　（122）a. ？你考虑一下看看他去是否合适。
　　　　　　 b. 你考虑考虑看看能不能自己想通。

　　相比动宾式而言，连动式中的"看"重叠后对句子的合法性毫无影响（122b），而动宾式重叠"看"后其合法性却大大降低了（122a）。连动式（122b）中"看"为表"测试"义动词，其理所当然可以重叠；而动宾式中"看"已经虚化，动词属性包括能够重叠的能力也大大减弱。

三　"看"的语法化与其省略

　　上文中已经论述了"V+看+S"的两种句法结构：连动式和动宾式。连动式"V+看+S"中"看"是具有广义"测试"义的动词，带上疑问小句宾语与前面动词短语构成连动结构，其对于连动结构的构成具有至关重要的作用，一般不可省略。但在动宾式"V+看+S"中，疑问小句即为动词的宾语，"看"一般可省略而不影响句子成活，可见，此"看"非彼"看"。

　　语法化研究证明：魏晋六朝之际，本为"瞻视"义的动词"看"由表示视觉动作扩大使用范围，抽象成用感官测试的动作从而引申出"测试"义（蔡镜浩 1990，吴福祥 1995），"'看'由视觉动作变成了泛指的'测试'，词义开始抽象，从而为其虚化奠定了基础。"（吴福祥 1995）"测试"义动词"看"既可以带宾语也可不带，且宾语多以疑问形式的小句出现。

　　（123）其家有机，让比丘坐："即坐小待。"复起以指内釜中，

看汤热不（东晋佛陀跋陀罗共法显译《摩诃僧祇律》，《大正藏》，22. 307）

（124）妇怪不语，以手摸看，谓其口肿（《百喻经·唵米决口喻》，此二例转引自吴福祥1995）

现代汉语"V+看+S"连动式中，"看"的句法语义特征与表"测试"义的"看"一脉相承，应是动词"看"的"测试"义在现代汉语中的留存。而"测试"义动词"看"所构成的"V+看+S"连动式的句法结构则为"看"的进一步虚化创造了合适的句法环境。语法化研究已证明：连动结构是语法化发展的推动性因素之一，这已在"说"的语法化过程中得到了进一步证实（方梅2006）。当一种语言中存在允许两个交际动词连用的连动结构的话，就很容易发生语法化现象（Wu 2000：90—91）。在连动式这样一个语法化的强势结构中，尤其是当"V+看+S"的前项动词为可带疑问小句宾语的动词，且疑问小句在语义上可看作是动词表示动作的直接结果、在句法上可看作动词宾语时，表"测试"义的后项动词"看"作为动词的语义和句法功能逐渐变弱了，"测试"义逐渐虚化，其引出疑问小句宾语的句法功能也不再是结构所必须，此时的"看"更多的是在动词和疑问小句宾语之间起连接作用，是连接动词和补足语小句的"标句词"，可以省略而不影响句子成活。而其他的连动式"V+看+S"中，"看"语义上的"测试"义和句法上引出疑问小句（即引出其自身的宾语）仍是此结构所不能或缺的，这决定了这些结构中的"看"一般不能省略。

一些学者指出"VP+看"是"V+看+S"的简省形式或省略形式（朱景松1998，张磊2009等），从当前的共时层面看，两种结构中"看"的句法语义特征相去甚远（一个是语助词，另一个是动词或标句词），说前者是后者的简省形式不太准确。但从最初的状态或其发展过程来看，这种判断则是有道理的。

连动式"V+看+S"中"看"表"测试"义，其后的疑问小句虽是"测试"义"看"的宾语，但这个疑问小句在语义上与前面动词有着一定程度上的联系（或直接或间接），从前面动词大致可以联想到后面疑问小句的疑问点，如前面动词为"尝"时，"测试"义动词"看"后的疑问小句一般就是针对"味道"等进行提问，也就是从前面的动词和"看"

大概就能预料到疑问小句，或者说只要是表达常规意义疑问点的疑问小句在某种程度上已经预设到了动词和"看"上。因此，这些疑问小句不再是语义上所必须，句法上也就可以省略或删除了，这就催生了"VP+看"格式的出现，在这个过程中，"测试"义动词"看"在语义上也逐渐虚化为表"尝试"。之后"看"进一步虚化，出现用于祈使句用作尝试态助词的现象，并在唐宋时期得以发展，最终于明清时期更加成熟（吴福祥1995）。当然，"看"的语法化过程还需要更多的语言事实来证实。

概括来讲，"看"的语法化过程大致可以假设具有以下发展路径（125）：

（125）

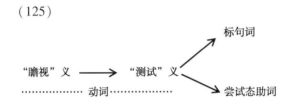

四　间接疑问标句词"看"

"标句词（complementizer；C）"是生成语法及语言类型学研究中的重要概念，是功能语类的重要组成部分，随着生成语法理论的发展，"标句词"的内涵与外延发生了重要的变化（田源2011）。而最经典意义上的"标句词"指的是"某些分句的引导词"（温宾利2002），具体来说指的是那些充当动词补足语的小句所带的引导词。英语中的标句词一般认为主要包括 that、if、whether 和 for 四个，不同的标句词引导不同意义的分句，其中 that 和 for 引导陈述意义的分句，if 和 whether 引导疑问意义的分句（温宾利2002）。即陈述意义和疑问意义的小句分别需要不同的"标句词"来引导。

（126）I thought［that［he couldn't come］］.

（127）I wonder［if/whether［he can come］］.

（128）His parents are anxious［for［him to marry her］］.（此三例引自温宾利2002）

汉语中的"标句词"不如英语等语言中那么明显且整齐，但就已有研究来看，汉语尤其是汉语方言中也存在上述两类"标句词"：一是用来引导陈述小句的"标句词"，主要是由言说动词语法化而来，如闽语中的"讲"（Simpson and Wu 2002；Chappell 2008）、粤语中的"话"（Yeung 2003）、北京话中的"说"（方梅 2006）、"台湾国语"中的"说"（陈姿瑾 2003）和普通话中的"道"（刘丹青 2004）等：

（129）拍算讲叫伊来参详蜀下。（厦门话，李如龙 2007）

打算叫他来商量商量。

（130）我觉得人格的魅力不在于说他读过了多少书，在世界上在哪个领域有多辉煌，可能有的时候他有很多作为一个人的最基本的标准是我最欣赏的。（北京话，方梅 2006）

（131）我总是希望说尽一点点的绵薄之力让这个世界更美好。（"台湾国语"，《女人我最大》2008 年 12 月 1 日）

（132）一个担任司仪的高年级同学高升喊道："唱——校——歌！"（普通话，汪曾祺《故里杂记》转引自刘丹青 2004）

二是用来引导疑问小句的"标句词"，一个典型成员就是动宾式"V+看+S"结构中的"看"。标句词"看"可引导包括"是否"类间接是非问在内的多种汉语疑问表达式来充当前面动词的宾语，但整个句子一般为陈述语气①，因此"看"所引导的疑问小句是间接问句，"看"是间接疑问标句词。

标句词"看"在一些汉语方言中也有丰富的用法。陈青松（2012）指出湖南新化（田坪）话间接疑问句中，动词"问"后带疑问小句（具有引语性质）时常出现"看"，"看"是一个间接疑问句标句词。

（133）妈妈问看我何解哩咯久冇打电话回去。

妈妈问我为什么这么久没打电话回家。 （引自陈青松

---

① 汉语中可见到一些带有疑问宾语小句的句子在书面上带有问号，这种疑问语气总体上是由书面上的问号或口语中的语调来表达的，且问号和语调更多的是属于主句，而与宾语从句的关系不大。因此，即使是这类带有疑问宾语小句且同时主句本身表示疑问语气的句子，其疑问语气并非一定是由内嵌的宾语从句赋予的。

2012）

　　郑良伟（1997）指出台语中的"看"具有用作子句结构标记的功能，"看"引导的子句必须是疑问句，而主动词必须是"想知道""调查""问"等求知性的动词：

　　　　（134）我爱知影（看）老师明年 beh 去日本抑是美国留学。
　　　　　　　　我想知道（看）老师明年要去日本还是美国留学。
　　　　（135）我爱调查（看）你 beh 几本。
　　　　　　　　我需要调查（看）你要几本。（此二例引自郑良伟 1997：
　　112）

　　Xu and Matthews（2007）指出潮汕方言和台语中的"看"可用作标句词，这种用法是从其尝试义发展而来的。"从语意上看，'尝试义'和'动词+看+疑问子句'都有'未知而求知'的含意。'尝试义'就是通过尝试后，得出结果，而'动词+看+疑问子句'也要通过问询、调查、思考之后得到答案。但由于'尝试义'的'看'不能省略而'动词+看+疑问子句'的'看'可以省略，说明子句结构的'看'是词义进一步虚化的结果。"

　　　　（136）我明日问伊睇爱来啊。（引自 Xu and Matthews 2007）
　　　　　　　　我明天问他来不来。
　　　　（137）我去问看伊有无？（福州话，引自李荣《现代汉语方言大辞典》2002：2732）

　　"if/whether"和"看"分别是英语和汉语中引导疑问意义分句的标句词，都要用在 wonder、猜想等求知义动词后引导宾语小句，但二者最明显的差异体现在：if 和 whether 引导的小句本身为肯定形式，其疑问意义是由 if 和 whether 所赋予的，其后的小句中不能包含疑问代词等疑问表达形式；而"看"本身并不包含疑问意义，这就要求其后的小句本身必须为疑问形式，除了"是否"等构成的间接是非问以外，正反疑问式、特指疑问式和选择疑问式都可以出现在"看"后的小句中。

（138）I wonder［if/whether［he can come］］.

（139）［whether［he can come］］is not known yet.（此二例引自温宾利 2002）

（140）他想试试看能不能再骗你点儿钱。

（141）看能不能再骗你点儿钱才是他找你的目的。①

　　另外，whether 还可引导主语小句（如（139）），这是"看"所不具备的功能。其中一个原因在于"看"并非是汉语中原生的标句词，而是在特定结构中由于语法化的作用而具有了标句词的功能，因此在语法化发展尚未达到某一程度之时，其对句法环境还具有一定的依赖性，不能像英语中的 whether 一样，除了引导宾语小句外，还可以引导主语小句。另外，汉语中的从属小句不像英语等语言一样必须具有明确的、系统的形式标记（方梅 2006），小句无须依靠某个标记性成分就可以在主语位置充当主语，这与汉语突出的意合性等特征不无关系。许多目前看来具有形式标记功能的成分，如引导宾语小句的标句词"讲/说"和"看"等，并非是语言本身所具有的，也不一定就是语法上必需的，而是在特定的句法环境中经由语法化发展而来的，从而具有了标句词的功能。

---

　　① （141）中"看能不能再骗你点儿钱"是一个主语小句，但其中的"看"是动词而并非像"whether"一样是引导主语小句的标句词。

第六章

标示句际关系的标句词系统

在汉语各类各级语法单位中，复句是高于单句层级的语法单位。学者们对汉语复句展开了热烈而广泛的讨论与研究。其中，就汉语复句的定义而言，学界就有各种各样不同的表述，黄伯荣、廖序东（1997）认为"复句由两个或两个以上意义上相关、结构上互不作句子成分的分句组成。"钱乃荣（2001）提出"两个或两个以上在意义上密切相关的单句形式构成的语法单位，成为复句。"邢福义（2001）认为"复句是包含两个或两个以上分句的句子"。邵敬敏等（2003）指出"复句是汉语句型系统中与单句对立的一种句型"；北京大学中文系教研室（2003：248）指出"复句，从某种意义说，它是由两个或两个以上的单句形式按某种逻辑联系组合而成的"。何元建（2007）认为"复句就是单句的组合"。尽管学者们的表述不尽相同，但核心思想基本一致。

汉语本体研究中，复句研究的历史可以追溯到《马氏文通》，一直以来学者们围绕复句展开了一系列的讨论，其中有关"复句的性质和定义""单句和复句的划分与界定""复句内部大类与小类的划分""复句关联词语"等问题都是汉语复句研究的热点问题，取得了丰硕的成果。

第一节　汉语复句的研究历程

自从《马氏文通》以来，复句的研究已经超过了一百年的历史，其研究历程大致可以分为三个阶段（邵敬敏等 2003）：

一　初始阶段

（一）《马氏文通》对复句的首次关注

《马氏文通》"论句读"专门论述了"句与句或自相联属"的现象，

并将复句分为"排句而已无轩轾者""叠句而意别深浅者""两商之句"和"反正之句"四种类型。

（二）复句概念的首次提出——《新著国语文法》

黎锦熙的《新著国语文法》首次明确提出了"复句"和"分句"的概念，其复句概念泛指具有两个以上主谓结构的句子，包括包孕复句、等立复句和主从复句三种类型，他的研究思路为后世的复句研究提供了借鉴。他首先将复句分为"等立""主从"两大类，然后又继续分为十中类和二十六小类，并且将连词与复句类型对应起来，重视连词在复句中的作用，这与后世学者们对于复句的研究思路在很大程度上具有一致性。

《新著国语文法》虽首次提出了"单句"和"复句"的概念，但对于二者的界限，黎锦熙的研究中并没有清晰而科学地区分开来：首先，他将包孕复句这种由主谓短语充当句子成分的句子当作复句，并将其与等立复句和主从复句并列起来；其次认为两个述语有不同的主语时才是复句，如果二者共用一个主语时，那么其构成的句子就是"复述语"。

（三）复句内部逻辑语义关系的分析

后世复句研究中，分句之间的逻辑语义关系是主要内容及方向之一。而对复句内部逻辑语义关系最先进行详尽分析的是吕叔湘先生的《中国文法要略》，它分为离合、向背、异同、同时、先后、释因、纪效、假设、推论、擒纵、衬托等语义范畴，为后世研究复句提供了借鉴和研究的思路。

二　发展阶段

20 世纪 50 年代是复句研究发展的关键时期，复句研究在这一时期得到了更多关注，以《中国语文》为阵地，学者们围绕复句展开了一系列的研究。孙毓苹（1957）的《复合句和停顿》、郭中平（1957）的《单句复句的划界问题》提出了单复句划分的六个标准，从而引发了学者们对于单复句划分的讨论，主要包括单句与复句的划分标准、包孕句的处理、复句系统的建立、复句内部关系和紧缩句的研究五个主题。通过这一时期的讨论，学者们对于复句的关注和研究空前加强，对于相关问题的认识更加深入而清晰，为下一阶段的复句研究奠定了良好的基础。

三　繁荣阶段

在前辈们围绕复句进行研究的基础上，学者们对于复句的研究逐渐进入了繁荣发展时期，很多学者对汉语复句展开了系统而深入的研究，出版了多部汉语复句研究专著。

王维贤等（1994）的《现代汉语复句新解》在三个平面的理论指导下对汉语复句进行了细致的考察，主要从逻辑角度出发，围绕句法特征、关联词语以及多种复句类型如转折句、形合句和意合句等进行了深入的讨论。

邢福义（2001）的《汉语复句研究》一书对汉语复句进行了全面系统的研究，对复句分类、关联词语、复句与单句的关系、复句格式与语义关系之间的关系及一些具体句式等问题展开了细致的研究，将复句系统三分，分为因果、并列和转折三个一级复句类，并进一步区分出了多种二级复句类，分别从多个角度对各类各级复句进行了细致的考察和研究，其中对关系词语的重要作用也进行了详细论述。

徐阳春（2002）的《现代汉语复句句式研究》也集中对汉语复句进行了研究，从关联词语的逻辑语义入手，将复句概括出分属六大类的十二种句式，针对这些复句类型，选取典型句式，分别从语形、语义和语用三个方面对其进行考察。

四　扩展阶段

汉语复句研究在繁荣阶段之后进入了一个新的发展时期，学者们对于复句的关注范围更加广泛，对于相关内容的研究不断深入，切入角度更加多元化，并且开始借助其他学科的理论和研究方法，复句的研究得到了不断创新。比如，学者们逐渐开始尝试将复句的研究与中文信息处理结合起来，建立汉语复句语料库、加强有关汉语复句的计算机识别研究等。

可见，汉语复句的研究已经取得了丰硕的成果，但从生成语法的角度对汉语复句的研究相对较为薄弱，Tang（1990）、Gasde & Paul（1996）和何元建（2007、2011）等用生成语法的理论框架对汉语复句的初步研究带给我们很多的启发，本章将主要从生成语法角度对汉语复句展开进一步的探讨。

第二节　关联词语的性质与特点

关联词语（又称关系词语）在汉语复句中占有举足轻重的地位，是汉语复句构成的重要组成部分。而在汉语复句的研究中，有关关联词语的研究是重要内容之一，也是最受广泛关注的内容之一，复句研究必然离不开对关联词语的研究，"一般都主要以关联词语为突破点。"（徐阳春2002：6）

一　关联词语的界定及范围

有关关联词语的界定，不同学者的表述虽然并不完全一致，但核心意思大致相同，指的是用在复句内连接各个分句并表明分句之间逻辑语义关系的词语。"关联词语是复句的结构标志，也是分析复句意义关系的形式标志"（邵敬敏等2003）。狭义的关联词语指"在复句内部各分句之间起关联作用，并表示一定语义关系的词语"（徐阳春2002：6）。邢福义（1996：322、2001）认为"复句关系词语是根据联结分句、标明结构关系、形成复句格式的共同特点组合拢来的一些词语"，并进一步概括得出了四种类型的关联词语：

第一，句间连词。它们通常连接分句，不充当句子成分；

第二，关联副词。既起关联作用，又在句子里充当状语；

第三，助词"的话"。表示假设语气，一般用在假设分句的句尾，标明分句之间假设和结果的关系；

第四，超词形式。关联词语不仅仅指词，还包括一些比词大的语法单位，如"如果说，与其说，总而言之，还不如说"。

二　关联词语的特点

汉语复句中的关联词语作为一个具有特殊功能的群体，表现出了以下特点（徐阳春2002，邢福义1996、2001）：

首先，它们不是固定的词类，关联词语可以是连词，也可以是副词或其他类别的词；

其次，关联词语不属于特定语法单位，可以是词，也可以是短语；

再次，关联词语既可以单独使用，表示某种语义关系，也可以两个或两个以上关联词语配合使用，共同表示同一语义关系，还可以两个或两个以上关联词语组合使用，表示同时存在两种语义关系；

最后，它们可以具有不同的句法功能，有的可以表示分句之间的语义关系，不充当句子成分；有的可以表示分句之间的语义关系，又兼作句子成分；有的除了表示分句之间的语义关系外，还相当于一个分句。

三　关联词语的作用

（一）关联词语是分句间"逻辑—语法"关系及特定复句类型的标记

关联词语之于复句来说，地位十分关键。它是复句中用来连接分句并标明分句间抽象的"逻辑—语法"关系的词语，具有标志性，各个分句是复句中表明实义的构件，而关联词语则是复句中标示关系的构件。"特定的复句关系词语所构成的句式，可以看作特定的复句格式。"（邢福义1996、2001）可以说，关联词语在某种程度上可以看作是不同复句类型的标记。因此，"复句的分类主要是形合句的分类，特别是关联词语的分类"，"应该以关联词语所反映的逻辑语义关系为依据"（王维贤等1994）。任何复句关系都是抽象的"逻辑—语法"关系（邢福义1996），而关联词语是用来标明分句间的"逻辑—语法"关系的，因此，关联词语是用来标明复句关系的复句关系标记，或者说是特定复句格式的标记。

徐阳春（2002：6）认为复句关联词语的作用主要包括以下两个方面：

一是连接不同分句，因此得名关联词语；

二是表明分句之间的语义关系，因此又称关系词语。

（二）静态与动态视角下的关联词语

邢福义（1996、2001）指出关联词语的作用应该采取静态与动态相结合的方式进行考察。

表一

过程		结果
显示	→	
选示	→	标明
转化	→	
强化	→	

从静态的角度看，关系词语运用的结果就是标明复句关系，也就是说，从语表上的静态结果看，关系词语标明了复句之间的语义关系。如"因为……所以……"标明了分句之间的因果联系，"如果……就……"则标明了分句间的条件关系。

从动态的角度也就是关系词语的运用过程来看，关系词语对于隐性的逻辑语义关系主要表现出了四种类型的作用，即显示、选示、转化和强化。

所谓"显示"，指的是用某种形式显示分句间某种隐含的关系，即用关联词语这种显性的关系标记对分句间本来就存在的逻辑语义关系的显现。例如：

（1）a. 北京离武汉很远，我得坐火车去。
　　　b. 北京离武汉很远，所以我得坐火车去。
　　　c. 因为北京离武汉很远，所以我得坐火车去。

（1a）句内的两个分句之间具有因果联系，（1b）单用了一个关联词语"所以"将分句间的因果关系显现出来，（1c）则用"因为……所以……"这一对关联词语来显示这种隐含的因果关系。

所谓"选示"，顾名思义即有选择性地显示，主要是针对可能存在多种隐性语义联系的多个分句而言的。复句内多个分句间的逻辑语义关系具有多种可能性，这时，选取某个关联词语就意味着将其中某种逻辑语义关系显现出来。徐阳春（2002）曾指出"在分句间存在多种可能语义联系的情况下，关联词语具有选择强化某一特定语义关系的重要作用，使原来的隐性关系呈现出显性的特征"，"关联词语得显示或选择强化特定语义关系的作用，在于将复句内在的语义联系方式由隐性关系转化为显性关系。"例如：

（2）a. 他肯出面，事情好办。（邢福义 2001：34）
　　　b. 因为他肯出面，事情好办。
　　　c. 既然他肯出面，事情好办。
　　　d. 只要他肯出面，事情好办。

（2a）中两个分句之间存在多种可能的逻辑语义关系，这些潜在的逻辑语义关系可以通过不同的关联词语显现出来。（2a）中使用因果关联词，将分句之间的关系标记为因果关系，（2b）和（2c）中的关联词语分别将句子标记为推断关系和条件关系。可见，关联词语对于复句内部的语义关系具有很强的能动性。

所谓"转化",即用特定关联词语使分句之间本来的语义关系发生转变。

(3) 许多事情都搞清楚了,许多人都觉得在精神上高大了起来。(邢福义 2001:35)

上例中没有使用显性的关联词语,但就逻辑关系来说,一般会断定前一分句为因,后一分句为果,因此这个句子可以很自然地添加上表示因果的关联词语,如 (4a);但 (4b) 中添加上关联词语"不但……而且……"之后,句子也是成活的,分句间的逻辑语义关系转化为递进关系:

(4) a. 许多事情都搞清楚了,许多人因而都觉得在精神上高大了起来。(邢福义 2001:35)

　　　b. 现在,不但许多事情都搞清楚了,而且许多人都觉得在精神上高大起来。(姜滇《清水湾 淡水湾》,《十月》1982 年第 3 期 85 页,转引自邢福义 2001:35)

关联词语还能转化句子的虚实关系。关联词语的转化作用也是关联词语能动性的体现。

所谓"强化",指的是用特定形式强化、凸显已经由某种格式显示的分句间的关系。例如,分句与分句之间本来已经由关系词语连接,然后再使用某种关联词语再次强化分句间的逻辑语义关系。

(5) 即使是个别情况,也是重要情况。(邢福义 2001:36)
(6) 即使是个别情况,但也是重要情况,……(周而复《南京的陷落》,《当代》1985 年第 5 期 208 页,转引自邢福义 2001:36)

(5) 中分句间的让步转折关系由"即使……也……"显示了出来,(6) 在此基础上,又用"但"进一步强化、凸显了转折关系。这就是所谓的"强化"。

可见,关联词语的作用并非单一、静态的,在显示、选示、转化和强化等动态作用之后，才实现了标明逻辑语义关系这一静态结果。关联词语和分句间已存在的逻辑语义关系之间并不是单纯的一一对应关系，关联词语对于复句内部的逻辑语义关系具有高度的能动性。

（三）关联词语与复句内部语义关系的匹配

通过邢福义在动态与静态视角下对关联词语的论述以及学者们对汉语关联词语作用的研究，我们可以发现，关联词语在复句中的地位十分重要，它对于复句逻辑语义关系具有高度的能动性，可以通过显示、选示、转化和强化等方式对复句逻辑语义关系发挥作用。

需要注意的是，关联词语对于复句来说固然意义重大，但这并非意味着复句的成活必须要包含关联词语。汉语是典型的"意合"型语言，在日常语言运用中，人们在运用复句表达思想时，常常不使用关联词语，各个分句靠"意合"来实现彼此语义关系的表达。分句之间的逻辑语义关系并非完全由关联词语决定，关联词语与各个分句能否成功匹配，取决于关联词语所表示的"逻辑—语义"关系与分句之间的实际语义关系是否相容。因此，复句中究竟使用什么关联词语来连接，必须符合该复句的分句间实际存在的语义联系，关联词语与分句间实际的语义联系之间具有选择性限制。关联词语使复句内部各分句之间的"逻辑—语义"关系更加明确。（徐阳春 2002：12—13）即使是关联词语对于复句逻辑语义关系的"选示、转化"等作用方式，它们也只是在复句本身包含的有限、可能的几个备选项中选择一种，而不是任意地选示、任意地转化。关联词语和复句逻辑语义关系之间具有选择性限制。

四 生成语法学者对关联词语性质的界定

有关汉语复句的研究，一般以传统的语言学研究方法对其进行尽可能详尽的描述，目前还较为少见从生成语法的角度对汉语复句进行研究的著作，只有少数几位学者曾经提及。有关复句关联词语的性质，几位生成语法学家曾经对关联词语中的某些句间连词如"因为"、"所以"等进行过定性，下面以表示因果关系的关联词语"因为"和"所以"为例，来看一下生成语法学者对它们的种种界定方法。

（一）"连接词+副词"之说

Gasde& Paul（1996）将因果复句中的"因为"小句分析为附加语，认为"因为"是一个连接词，带上原因小句作为其补足语，而"所以"

是一个副词，如下图所示（Gasde & Paul 1996：271）：

（7）

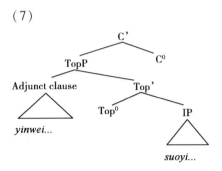

　　Gasde& Paul（1996）将"因为"视为连接词的原因在于，"因为"可以出现在原因小句的主谓之间，即原因小句的主语论元提升到了连接词短语（Conjunction Phrase）的标志语位置，下面的树形图更加直观地表现出了他们对关联词位于主谓之间现象的分析（Gasde & Paul 1996：273）：

（8）

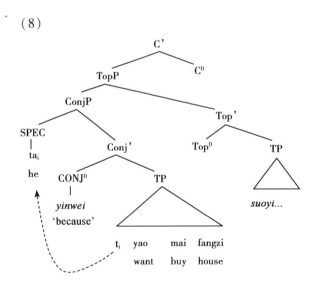

　　这种分析方法是存在问题的（Lin 2005）。首先，在汉语中，"因为"不仅可以引导一个小句，其后还可以是名词短语，当"因为"后面带上的是一个名词性成分的时候，"因为"既可以位于句首，也可以位于主语之后，如：

（9）因为那次事故，小刘失去了双腿。

（10）小刘因为那场事故失去了双腿。

按照 Gasde & Paul（1996）的"主语提升"分析，"因为"是连接词（Conjunction），投射出一个连接词短语（ConjP），句首成分是从这个连接词短语中提升而来的，"因为"后的名词性成分"那件事情"内部的任何提升操作都无法生成（10）这样的结构。

其次，汉语"因为……所以"复句中，当"因为"位于主语之后时，"所以"所引导的结果小句中不能再出现一个独立的主语成分：

（11）因为小刘打碎了碗筷，所以妈妈非常生气。

（12）a. ＊小刘因为打碎了碗筷，所以妈妈非常生气。

　　　　b. 小刘因为打碎了碗筷，所以非常郁闷。

若"因为"小句是一个连接词短语，为何其内部的提升操作会影响到"所以"小句带主语的能力呢？（Lin 2005）这些相关的问题都无法从"连接词+副词"的处理方法中找到合适的答案。

（二）"标句词+副词"之说

Lin（2005）认为，"因为"是一个状语标记，它带一个小句或名词性成分做其补足语，类似于英语中的"for"。"因为"引导一个状语，嫁接到主句上。"所以"是一个副词，它需要一个表示原因的成分来做先行语。就"因为"小句嫁接的位置来说，可以是 IP 或是 I'，当嫁接到 IP 上时，生成的就是"因为"位于句首的句子，而当其嫁接到 I' 上时，生成的就是"因为"位于主语之后的句子。这样的分析解释了 Gasde & Paul（1996）的分析中所存在的问题。就第一个问题来说，Lin（2005）的分析中类似（9）这样的结构是通过单独的嫁接方式生成的，并未涉及提升移位；而第二个问题，即为何"因为"出现在主语之后时，"所以"小句中不能有自己独立的主语，Lin（2005）认为，为了生成"因为"出现在主语之后的结构，"因为"和其补足语是嫁接到主句的 I' 上的，就会造成主句即"所以"小句中的主语无法被允准，这就解释了（11a）不合法的原因。"所以"的一个重要使用特点在于，它必须出现在小句句首，而永远无法出现在副词的常规位置即动词之前，Lin（2005）用"所以"必须紧挨原因小句来解释，但这显然不具有足够的说服力，没有足够的句法证据来支持。

（三）"标句词+标句词"之说

Tang（1990）也认为因果复句中的"因果"小句是句子的附加语，但与 Gasde & Paul（1996）不同，Tang（1990）将"因为"和"所以"都定性为标句词。黄正德（Huang 1982）、何元建（2007、2011）也曾提到可以把关联词分析为标句词。

（13）

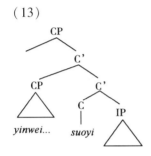

第三节　　汉语复句与关联标句词

一　复句与句子功能

（一）关联词语与句子特有因素

邢福义（1996）的"小句中枢说"对小句的中枢地位进行了深入论述，并且提出"小句包容律"，其中小句包容律（1）简洁明了地揭示出了小句和短语之间的关系：

（14）小句包容律 1：小句 — 句子特有因素＝短语

表二

句子特有因素	句子语气
	复句关系词语
	语用成分
	成分逆置现象
	成分共用法所造成的特殊状况

复句关系词语是句子特有因素之一。而句子特有因素即那些会带来特定语法效应的句子功能，因此，复句关系词语与句子功能之间具有密切关系。

（二）广义句子功能

徐杰（2010a）将严格语法学意义下的句子功能定义为"那些在形式上带有特定语法效应的句子功能"，而特定语法效应指"在句首、谓头和句尾三个句子敏感位置上所进行的加标、移位和重叠等句法操作"。之后，进一步提出了具有更强包容性和解释力的广义句子功能概念，指出广义的句子功能除了包括"疑问""否定"等狭义的句子功能范畴外，还包括"条件""因果"等句际关系范畴（徐杰 2010b）。

$$(15)\ 广义的句子功能 \begin{cases} 全句功能范畴（狭义的句子功能）\\ 句际关系范畴 \end{cases}$$

"关系"本身也可以看作是一种功能，标示复句内部分句间逻辑语义关系的句际关系范畴也是通过在句子敏感位置进行加标等句法操作来实现的，与狭义的句子功能具有平行一致的特征（徐杰 2010b）。因此，将句际关系范畴归入句子功能这一语法范畴中是合理的，复句关联词语是句间关系这一句子功能范畴的标记。

二　汉语复句的分类及关联标句词

（一）汉英复句概念的差异

中国语言学对复句概念的界定与西方语言学差异较大。传统上，汉语复句常常分为联合复句和偏正复句两大类，而在西方语言学研究中，一般都会将复合句（compound sentence）和复杂句（complex sentence）区分开来，复合句中的每个分句都是独立的句子，而复杂句内部则分为主句和从属小句（简称从句），从句充当主句内的某一句法成分，根据从句所充当的句法成分的不同，可以进一步分为宾语从句、主语从句、表语从句、定语从句和状语从句等。西方语言学中复杂句意义下的多数句子在汉语语言学中实际上是被归属进单句范畴的，而状语从句则在某种程度上相当于我们的偏正复句（刘丹青 2007）。

可见，中国语言学与西方语言学中有关复句概念的界定是不同的，汉语复句的分类也无法采用印欧语言的分类方法，而必须考虑到汉语的客观实际情况。汉语是一种典型的形态不丰富的语言，虚词的使用不严格，复句之间常常按照"意合"的方式组织起来，因此汉语无法像其他语言一样仅凭结构关系给复句进行分类，而需要借助意义，无须严守并列—从属的大分野，"关键应设法使分类系统能覆盖语言实际并具有尽可能强的操作性。"邢福义（2001）抛开传统复句分类的"二分法"以及联合与从属的区分，提出汉语复句分类的"三分法"。

（二）汉语复句的分类

有关汉语复句的分类，传统上一般是首先分为联合复句和偏正复句两大类，然后分别再进行细分，联合复句进一步分为并列复句、递进复句、选择复句等，偏正复句进一步分为因果复句、转折复句、条件复句等。邢福义（2001）指出这种二分法存在一定的问题，无法准确地反映汉语复句的语言事实，而是按照"从关系出发，用标志控制的原则"将汉语复句首先分为因果类、并列类和转折类三个一级复句类，具体分类情况如下表：

表三

汉语复句	因果类复句	因果句
		推断句
		假设句
		条件句
		目的句
	并列类复句	并列句
		连贯句
		递进句
		选择句
	转折类复句	转折句
		让步句
		假转句

邢福义（2001）的这种三分法，充分考虑到了分句间逻辑语义关系以及句间关系标志对于汉语复句以及复句分类的重要意义。

（三）关联标句词

第二章中我们已经指出，标句词是标示句子类型的语法标记词，它与多数涉及全句的功能范畴密切相关，如句子属性、句类、句间关系等，所有的句子都可以看作一个由标句词所投射的标句词短语。

就汉语复句来说，首先，它是与单句对立的概念，在对汉语句子进行分类时，第一步就是将句子分为单句和复句，因此复句可以看作是一种与单句对立的更高层次上的一种句子类型；其次，复句是由两个或两个以上的分句构成的，分句间的逻辑语义关系或者说是句间关系决定着复句的逻辑语义关系，与复句全句功能范畴有关，不同类型的逻辑语义关系决定着不同的复句类型；再次，关联词语之于复句意义重大，它既连接分句又标明分句间的关系，是特定复句类型的标记，它在某种程度上决定着复句类型的分类；最后，关联词语对于复句逻辑语义关系的实现具有多种类型的作用，它既可以静态地反映、标示句间关系，同时又可以在一定的范围内对句间关系产生选示、转化等作用。因此，关联词语对于标记复句类型、复句逻辑语义关系等具有重要的作用。连词及"的话"等类型的关联词语应该视为标句词，为了与其他几种类型的标句词区分开来，我们将其称之为关联标句词①。

复句关联词语包括多种类型：第一类是不充当句子成分，只起连接作用的句间连词；第二类是用在假设分句句尾，表示假设语气的助词"的话"；第三类是起连接作用的同时又做分句状语的关联副词；第四类是一些超词形式。根据语言类型学的研究，标句词作为句子中心语，多数情况下位于句首或句尾位置，因此我们将句间连词和助词"的话"归入关联标句词的范围；关联副词虽然也起连接分句的作用，但它实际上位于句子的另一个中心位置即谓头位置；超词形式严格意义上并不是一个独立的语言单位，此处我们暂且不考虑。

$$
(16)\ 复句关联词语 \begin{cases} 句间连词 \\ 助词"的话" \\ 关联副词 \\ 超词形式 \end{cases}
$$

关联标句词→COMP 位置

——————→ 谓头位置

---

① 关联词语也有用在单句中连接名词短语的现象，我们这里暂且只处理那些用在复句中连接分句的关联词语。

邢福义（2001）对复句的三分是立足于分句间的逻辑语义关系及关系标志进行的划分，而关联标句词则标示着复句内部逻辑语义关系，是复句类型的标记，因此对汉语复句的分类在一定意义上也是对复句内部逻辑语义关系的分类。由此，汉语中的关联标句词可以依据汉语复句的分类，相应地分为因果类关联标句词、并列类关联标句词和转折类关联标句词。这三类关联标句词是根据其所标示的逻辑语义关系进行的初级分类，每一类下面又包含有不同的小类，每一类又包含有多个关联标句词。

表四

汉语复句	复句类型	复句关联标句词
	因果类复句	因果类关联标句词
	并列类复句	并列类关联标句词
	转折类复句	转折类关联标句词

三　关联标句词与中心语位置参数

标句词是句子的功能中心语，在句中的句法位置往往与该语言对中心语位置参数（Head-position Parameter）的赋值相一致。就中心语位置参数来说，主要有两个赋值选项："中心语居前（head-initial）"和"中心语居后（head-final）"。（徐杰 2010b）

首先来看中心语居后语言中复句关联词语的句法位置。景颇语是典型的中心语居后语言，其标示复句间逻辑语义关系的主要方式就是在前一分句句末添加上关联标句词：

（17）Nang　bung^{1}li^1　ga^{1}lo　grai^1　sha^{1}kut^1　ai　hta n^2-ga^2,
　　　你　活儿　做　很　努力　（句尾词）不　仅，
　　　Lai^{1}ka^{1}sha^{1}rin^2　mung^1　grai^1 ga^{1}ja　n^{1}dai.
　　　学习　　也　很　好　（句尾词）
　　　"你不仅干活很努力，学习也很好"　（戴庆厦、徐悉艰
1992：384-385）

（18）Ma^{1}rang　lo　n^{1}na^2, mam　grai^1　ga^{1}ja ai.（同上）
　　　雨　多 因为, 稻子　很　好（句尾词）
　　　"因为雨水多，稻子长得很好"

日语也是中心语居后语言，日语中的复句关联词也位于前一分句的句尾：

(19) Tanaka-ga　kuru　nara,　　watashi-wa　ika-nai.
　　　田中　　　来　　假如　　　我　　　　去-不
　　　"田中假如来的话，我就不去。"（日语，徐杰 2010b）

(20) Bukka ga　　　agatta　　node, minna　ga　　komatte iru
　　　价格（主格）上升（过去）自从，所有（主格）遭受着　是
　　　"自从价格上涨，所有的人都受了害。"（Kuno 1978：122，
转引自刘丹青 2002）

(19) 中，表示假设关系的连词"nara（假如）"位于假设小句的句尾；(20) 中时间分句的连词"node（自打）"用在时间分句的句尾。上面两例中的关联词语位于其所引导的小句句尾的同时，也处于联系项的优先位置，即位于两个联系项的中间。

其次来看中心语居前语言中复句关联词语的句法位置。英语是典型的中心语居前语言，英语中的连词都位于所引导分句的句首位置：

(21) a. He works hard, so the boss usually praises him.
　　　b. * He works hard so, the boss usually praises him.

汉语中既有中心语居前的语言现象，同时又不乏中心语居后的语言事实。总体来说，汉语对于中心语位置参数的赋值并不是单一的，这就决定了汉语中的很多相关现象都会出现中心语位置多样的特点。就关联标句词来说，其句法位置也是汉语中心语位置参数双项赋值的体现。汉语复句中多数关联标句词都位于其所引导的分句的句首位置：

(22) a. 不但学生不按时到校，而且老师也常常迟到。
　　　b. *学生不按时到校不但，老师也常常迟到。
(23) a. 因为最近到处都在修路，所以常常堵车。
　　　b. *最近到处修路所以，常常堵车。

但汉语中也有添加在句尾的关联标句词，最为典型的就是标示假设关系的"的话"：

    （24）你想吃面包的话，就赶紧去买吧。

    （25）假如你想吃面包的话，就赶紧去买吧。

四 框式关联标句词

汉语介词中有一类特殊的现象就是框式介词，"即在名词短语前后由前置词和后置词一起构成的介词结构"，如"在……上""用……来"等。"框式介词是汉语中前后置词在句法中配合同现的产物，是汉语句法中的一种极其常见而基本的现象。"与此类似，汉语连词中也有框式连词，英语中的关联词语一般情况下不能成对地出现，因此框式连词也是汉语的一大特点（刘丹青 2002、2007）。我们暂且把关联标句词组成的框式结构，简称为框式关联标句词。

基于关联标句词本身的性质特征，其至少要关涉两个分句，因此框式关联标句词有两种表现形式：一种是同句框式关联标句词，即框式标句词两端的成员出现在同一分句的句首和句尾；一种是异句框式关联标句词，即框式标句词两端的成员分别出现在复句内不同的分句中。

（一）同句框式关联标句词

    （26）如果明天下雨的话，你就不要去上班了。

    （27）因为天落雨咾（上海话，刘丹青 2007）

    （28）jõ⁴⁴sua⁴⁴   ta⁴²sua⁴⁴   tsʰɯ⁵⁵ ko⁴⁴ tsi⁵⁵,

    （连词）踩滑   了   脚（连词）泥稀

    ni²¹iɛ⁵⁵   piɑ⁴²   pʰiɑ⁴⁴   kʰuɛ³¹pi⁵⁵ te⁴⁴.

    陷   到   大腿   根

    "要是踩滑了一脚，稀泥就会陷没了大脚"（白语，徐琳、赵衍荪 1984：98）

"的话"是汉语中典型的标示假设关系的关联标句词之一，Gasde & Paul（1996）曾经指出"的话"可以看成暗示小句的条件属性的附加语小句标句词。它添加的位置就是假设分句的末尾，同时在假设分句的句首还可以添加上另一个标示假设关系的关联标句词"如果、假设、假如"等等，从而构成"如果/假设/假如……的话"之类的框式标句词来共同实现其标示作用。实际上，"如果、假设、假如"和"的话"都能单独标示假设关系，二者分别位于分句的句首和句尾，同时二者又可以搭配成框式关联标句词使用，这与汉语的中心语位置参数双项赋值特点是密切相关的，那些单纯的、严格的中心语居前语言和中心语居后语言中是否存在这种框式标句词的现象还有待进一步的考证，但就理论上的可能性来说，概率应该微乎其微。只有类似汉语这种特殊的混合型语言，才会出现中心语居前的句法成分和中心语居后的句法成分混合使用的现象，这是汉语独特的语言现象，也是汉语之于语言研究的珍贵资料。

（二）异句框式关联标句词

（29）*因为*小王的妈妈病了，*所以*他要去医院照顾妈妈。

（30）*如果*他明天还不来上课，*就*赶紧通知他的家长。

（31）他*不但*不听老师的话，*而且*不听父母的话。

（32）*Because* xiao Wang's mother is sick, he has to go to the hospital to look after his mother.

（33）* *Because* xiao Wang's mother is sick, so he has to go to the hospital to look after his mother.

汉语中的复句关联标句词常常可以成对使用，如标示因果关系的"因为……所以……"、标示并列关系的"不仅……而且……"、标示转折关系的"虽然……但是……"等等。但成对的关联标句词分别位于不同的分句中，共同标示分句间的逻辑语义关系。在某些语境中，这些成对的关联标句词也可以单用，如：

（34）小王的妈妈病了，*所以*他要去医院照顾妈妈。

（35）她很爱吃甜的，*但是*却一点都不胖。

（三）同句框式关联标句词个案分析

"如果……的话"是汉语中典型的同句框式关联标句词，组成框式关联标句词的两个成员"如果"和"的话"可以根据其句法位置分别看作前置词和后置词，都能够单用表示条件关系，但二者所具有的范域是不同的，可以用并列测试对二者的范域大小进行检验：

（36）＊如果［［他送来一束花的话］或者［把这些书都拿走的话］］，你就帮我谢谢他。

（37）［［如果他送来一本书］或［如果拿走这些书］］的话，你就帮我谢谢他。

通过上面的并列测试可以发现，前置词"如果"位于内层，其范域小于"的话"。这还可以通过主语的位置问题进行测试。为了清楚起见，下面我们用树形图来分别表示"的话"位于内层和外层的情况。

首先，来看"的话"位于内层的结构：

（38）

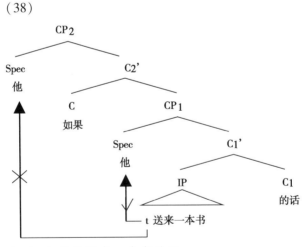

（39）如果他送来一本书的话。

（40）他如果送来一本书的话。

从（38）的树形图中可以看到，"的话"位于内层，"如果"位于外层，小句中的主语"他"要发生移位的话，也只能移到［Spec，CP$_1$］位置，而无法继续上移到［Spec，CP$_2$］，因此无法生成类似（40）这种小句主语在线性位序上位于关联标句词之前的句子。

其次，"的话"位于外层的结构：

（41）

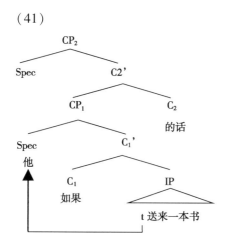

从（41）中的树形图中可以看到，"如果"位于内层，"的话"位于外层，小句主语"他"可以上移到〔Spec，CP_1〕位置，成功地生成句子主语位于关联词之前的合法结构。

曹逢甫（2004）认为汉语中偏正复句中的偏句都是主题（即通常所说的"话题"）。如果采取这样的分析，那么偏正复句中的偏句可以分析为以"小句"做句子的话题，"的话"就是话题标记。这种话题结构也恰恰解释了上述第二种分析的合理性。

由上所论证，假设"如果"等关联词语和"的话"构成的是一种框式关联词语的话，"如果"等类关联词语实际上位于内层的位置，而"的话"位于外层，其辖域大于"如果"等关联词。

五　谓头位置上的关联副词

复句关联词语除了上述关联标句词之外，还有一类关联副词，如"就、才、还、却"等，常常用在复句内的第二分句中，既可以与前一分句中的关联标句词搭配使用，如"只有……才……""只要……就……"等等，也可以单独使用，起关联前后分句的作用：

（42）a. <u>只有</u>自己好好努力，<u>才</u>有可能自己掌握自己的人生。

　　　　b. 自己好好努力，<u>才</u>有可能自己掌握自己的人生。

（43）a. 你<u>只有</u>考上大学，父母<u>才</u>会高兴。

　　　　b. 你考上大学，父母<u>才</u>会高兴。

（44）a. <u>只要</u>你肯努力，<u>就</u>有希望要战胜一切困难。

　　　　b. 你肯努力，<u>就</u>有希望要战胜一切困难。

（45）a. 明天<u>只要</u>不下雨，我们<u>就</u>去郊游。

　　　　b. 明天不下雨，我们<u>就</u>去郊游。

（一）关联副词与一般副词的差异

　　一般副词主要用来对句中动词的程度、范围、频率等方面进行修饰，其辖域主要是动词短语，最多也就是整个小句；但这类关联副词则主要起连接复句内部分句的作用，其辖域不仅包括其所在的小句，而且还涉及前一分句，即其辖域涵盖整个复句，二者性质不同。体现到句法结构上，二者所处的句法位置也并不相同：

　　　　（46）他常常熬夜。

　　　　（47）他们刚刚离开。

　　　　（48）小王明天去广州。

　　　　（49）只要有困难，他就会找父母。

　　　　（50）如果台风来了，全市人民就不上班了。

　　　　（51）只有快到考试时间了，他才常常上自习。

　　（46）中"常常"是表示动作频率的副词，用在动词前；（47）中"刚刚"是表示动作发生时间的副词；（50）中的"就"和（51）中的"才"虽然也用在动词前，但其和前一分句中的关联标句词搭配起来，起连接分句的作用，其辖域与频率副词和时间副词等不同。上述这些频率副词、时间副词和关联副词在线性顺序上所处的位置都是在主语之后、动词之前，但在句法结构上它们的位置实则不同。

（二）关联副词位于"谓头"语法位置

　　蔡维天（2007）指出，出现在主语之后、动词之前的修饰成分应该分为两种类型：一类是用来修饰句子中谓语的"谓语内状语"（又可称为"动词短语状语"，VP-adverbial），另一类是用来修饰整个句子的"谓语外状语"（又可称之为"全句状语"，sentential adverbial）。在线性结构中，情态助动词、量化副词和否定词是划分内外状语的界标，徐杰（2010b）根据汉语语言事实进一步进行了补充，"这三类界标本身是三类谓语内状语，而非谓语外状语"，而"谓头"位置是在排除了"谓语外状语"之后的谓语起头位置。谓语外状语、谓语内状语和"谓头"语法位置，三者在句法上的相对结构，可以用下图直观地表现出来：（下图引自徐杰 2010b）

（52）

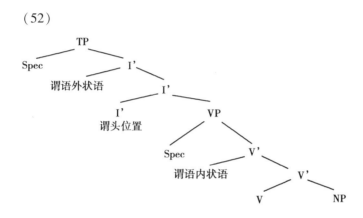

　　从上面的树形图中可以看到，"谓语外状语"在句法结构上嫁接到了 I' 上，位于句子的谓语之外，它是整个句子的修饰语成分；而"谓语内状语"在句法结构中嫁接到了 V' 上，它是句子中谓语的组成部分，用来修饰谓语中心语。而谓头语法位置位于谓语外状语和谓语内状语之间，在树形图中即是句子中心 I 位置。就句子中心 I 位置来说，不同的语言在这个位置上出现的成分不同，英语类语言中由助动词或中心动词占据，而汉语类语言中则是由最左侧的谓语内状语占据（徐杰 2010b）。

　　就（46）—（51）几个句子来说，位于主语之后、谓语之前的成分在句法结构中的位置是不同的，"常常""刚刚"是谓语内状语，"明天"是谓语外状语。谓语内状语的辖域是动词或动词短语，它无法提升到句首，对整个句子进行限定或修饰，因此（46'）（47'）不可说；谓语外状语本就是对整个句子进行修饰的，因此可以提升到句首位置，（48'）可说。

（46'）　＊常常他熬夜。

（47'）　＊刚刚他们离开。

（48'）　明天小王去广州。

而（49）—（51）三个复句中后一分句的"就"和"才"等关联副词实际上位于谓头语法位置。

首先，它们无法像谓语外状语一样移位到句首位置而不影响句子成活，这可以排除它们是谓语外状语的可能性：

（49'）　＊只要有困难，就他会找父母。

（50'）　＊如果台风来了，就全市人民不上班了。

（51'）　＊只有快到考试时间了，才他常常上自习。

其次，根据（蔡维天2007、徐杰2010b），在线性结构中，情态助动词、量化副词（时间频度副词）和否定词是划分内外状语的界标，（49）—（51）后一分句中的"就""才"就位于这些谓语内状语的左侧，已经排除了它们是谓语外状语的可能性，那么就只剩"谓头"语法位置了。（49）中"就"位于情态助动词"会"的左侧，（50）中"就"位于否定词"不"的左侧，而（51）中的"才"位于时间频度副词"常常"的左侧。

第三，关联副词不同于其他副词，其作用域并非仅限于动词、动词短语或是整个小句，而是涉及复句内的不同分句，它单用或和前一分句中的关联标句词搭配，用来表示复句的逻辑语义关系。因此，关联副词的句法位置应该也不可能是像其他类副词一样位于 I'或 VP'的附加语位置，它的"联系项"作用必须要在一个特殊的、关键的位置上才能成功地发挥。而"谓头"语法位置就是符合条件者，它是对全句功能范畴敏感的三个句法位置之一，而且在线性顺序上也与关联副词一致。汉语复句中的关联副词就是在"谓头"这一句子敏感位置之上，与前一分句的关联标句词搭配或单用，从而实现连接复句各分句，并对分句间逻辑语义关系起标示、选示或强化等作用。

（53）

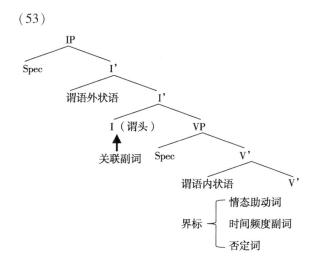

（三）关联副词的单用与"谓头"语法位置

（42）—（45）的 b 句中，前一分句中都没有出现关联标句词，只在后一分句中使用了关联副词，句子依然合法、可说。但如果单用前一分句中的关联标句词，句子则无法成活：

（42c）＊*只有*自己好好努力，＿有可能自己掌握自己的人生。

（43c）＊你*只有*考上大学，父母＿会高兴。

（44c）＊*只要*你肯努力，＿有希望要战胜一切困难。

（45c）＊明天*只要*不下雨，我们＿去郊游。

可见，谓头位置上关联副词的作用是不可替代的。除了其自身的逻辑语义特征之外，其所处的句法位置也是其之所以在句法上必需的关键因素之一。谓头位置是句子三个敏感位置之一，这三个位置之所以对全句功能范畴敏感，是因为它们是不同意义下的句子中心语所占据的位置，句首和句尾是中心语 C（COMP，标句词）占据的位置，谓头由句子中心语 I 占据。同为中心语，I 和 C 的区别在于，I 是核心的、必有的，而 C 是边缘的、可选的。可见，相比 C 来说，I 对于句子在一定程度上更为关键。因此，此处关联副词之于句子的重要作用与其所处的"谓头"敏感位置关系密切。

六　连词并非位于"谓头"位置

徐杰（2005）提出的句子三个敏感位置理论，具有高度的概括性和理论解释力，具有语言类型学的理论视野，能够为很多表面上看似不相关的语言现象提供统一的解释。徐杰（2005）所谓的汉语句子中心也就是谓头位置在句法结构的运行系统中发挥着特殊的作用，对"疑问"、"虚拟"和"否定"等全句功能范畴作出反应。具体来说，汉语中可以通过把助动词或动词移入句子中心即谓头位置，进行正反重叠的句法操作，从而实现疑问范畴的表达；虚拟范畴的实现可以通过在谓头位置"添加"关联词语；而否定副词"不、没（有）"都是加在助动词或动词性短语前面的谓头位置，来实现"否定"句范畴的表达，如：

（54）a. 你会不会开车？

　　　b. 你开不开车？

（55）他们如果（假如）不来，我们就去。

（56）a. 他们没能来开会。

　　　b. 我们不会赞成他胡扯八道。

在论述汉语虚拟范畴的表达时，徐杰（2005）涉及了汉语复句中特殊的一类句法现象，即关联词语可以出现在主语之后，这种现象是由"如果（假如）"添加到了句子的谓头位置造成的。[①] 但进一步考察之后我们发现，主语之后的这些关联词语并非位于谓头位置，而是位于标句词位置。

（一）"谓头分析法"存在的问题

来看下面这些句子：

（57）他们没能来开会。（徐杰 2005）

（58）a. 他们如果没能来开会，肯定是遇到了特殊情况。

　　　b. 他们尽管没能来开会，但是都提前跟老师请假了。

（59）他不管能不能按时贷到款，都会按时给大家发工资。

---

① 李莹（2009）也认为汉语复句中的连词是位于谓头位置的。

（58a）的前一分句中，使用了否定词"没"对句子进行否定，同时句中还出现了关联词语"如果"来表达虚拟范畴，根据（徐杰 2005），"否定"成分位于句子中心即谓头位置，那么关联词语"如果"又怎么能也添加到谓头位置上呢？另外，（59）中，前一分句的谓头位置已经由正反重叠结构"能不能"占据了，显然无法继续在谓头位置上继续添加关联词语"不管"，但句子仍然是合法可说的。而谓头位置并无法同时容纳两个不同性质的成分。

（二）"关联标句词分析法"及相关问题的解释

我们认为，主语之后的关联标词语是添加在标句词位置的，这就为正反重叠、否定成分和关联词语找到了合适的落脚点，使它们"各得其所"，合理解释了上述句子成活的原因。

（60）他们如果没能来开会，……

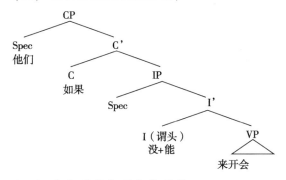

（61）他们不管能不能贷到款，……

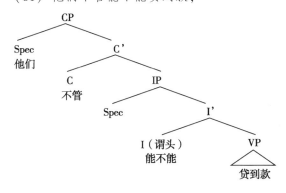

另外，结合蔡维天（2007）对于谓语内状语和谓语外状语的研究和徐杰（2010b）对于谓语内外状语和谓头在句法位置上相互关系的论述，

也为我们排除复句中连词位于谓头位置的可能性提供了佐证。

如（52）所示，"谓头"语法位置位于谓语外状语和谓语内状语之间，"明天、刚才"等表示时间的名词属于谓语外状语，它们用来修饰整个句子；而情态助动词、时间频度副词和否定词等用来限定或修饰动词或动词短语的成分，则属于谓语内状语，这三类是谓语内外状语的界标，其左侧即"谓头"语法位置。而谓语外状语位于"谓头"的左侧。

看下面两组句子：

（62）a. 如果他们明天来开会，那就给他们发奖金。
　　　b. 他们如果明天来开会，那就给他们发奖金。
　　　c. 明天他们如果来开会，那就给他们发奖金。
　　　d. 他们明天如果来开会，那就给他们发奖金。
　　　e. 明天如果他们来开会，那就给他们发奖金。
（63）a. 只有你刚才开口，老板才会答应，我们说话都没用。
　　　b. 刚才只有你开口，老板才会答应，我们说话都没用。
　　　c. 你刚才只有开口，老板才会答应，老板才不会主动提这件事。

上面两例中的"明天"和"刚才"是典型的谓语外状语，句中的关联词语、谓语外状语和分句主语之间的线性位序非常灵活，四种可能的位序排列都合法可说。（62）（63）中 a、b 两句的关联词语"如果""只有"都位于谓语外状语"明天""刚才"的右侧，按照徐杰（2010b）的研究，谓语外状语这一本应附接到 I' 上的状语成分却出现在了谓头语法位置的右侧，理应是不合法的，但汉语语言事实证明是可说的。

目前至少可以得出的结论是"因为"等关联词语并非位于谓头语法位置上。那该如何解释这种谓语外状语"明天""刚才"等出现在"如果""只有"等关联词语之后的现象呢？

一种可能的解释，就是这些关联词语是位于标句词位置上的。采取标句词的解释，那么上述复句中的正反重叠问题、谓语外状语的问题都迎刃而解了，这些结构成分都可以在句法结构中"各得其所"，如下图所示：

（64）

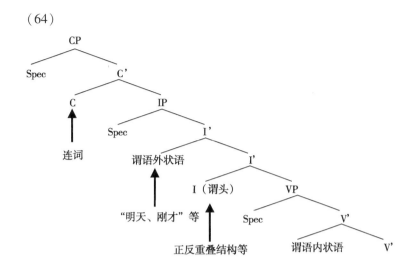

首先，汉语中的正反重叠式在谓头位置上进行的句法操作，而关联词语"因为""如果""不管"等都是出现在标句词位置上的关联标句词，因此在带有关联词语的复句中也可以出现正反重叠结构，如（59）；

其次，谓语外状语"明天""刚才"等出现在"因为""如果"等关联词语的右侧是合法的现象，"因为"等关联词语位于标句词位置，而非谓头位置，关联词语右侧的谓语外状语依然位于谓头位置的左侧，这并没有与徐杰（2010b）提出的谓语内外状语和谓头语法位置之间的相对位序相悖。

另外，将关联词语看作是位于句子边缘的标句词位置，符合"联系项原则"（Dik 1997）。Dik（1997）指出，联系项的优先位置是位于其所联系的成分之间，而当联系项位于其中某个成分上时，其要出现在被联系成分的边缘位置。句子的谓头位置（I 位置）是位于句中的，而标句词 C 则位于句子的边缘位置，当其充当联系项时，它与另一被联系成分的关系更加接近。因此，从与"联系项原则"的满足程度来看，将关联词语看作是位于 C 位置的标句词更具有合理性。

结合树形图来看（62）几个句子中前一分句的结构会更加清楚：

（62a）如果他们明天来开会，那就给他们发奖金。

（65）

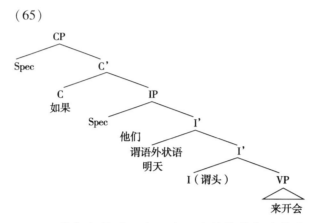

（62b） 他们如果明天来开会，那就给他们发奖金。

（66）

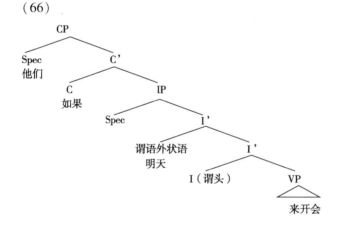

　　类似（62c）—（62d）等前一分句的关联词前有多个名词短语的现象，我们在下一部分单独进行考察。

七　句类标记——关联标句词

　　上文中我们提到，汉语复句关联词语对于复句来说意义十分关键，它对复句的逻辑语义关系进行标示、选示或强化，是复句类型以及复句格式的标记。我们将关联词语看成复句的标句词，而且再进一步看，关联词语可以看作句类标记。

　　一方面，就关联词语整个群体而言，关联词语经常出现的句子都是复句，它在一定程度上可以将复句与单句这两大句类区分开来；另一方面，就不同类型的关联词语而言，它们具有区分具体复句类型的作用，如

"因为……所以……"出现的复句是因果复句，"不但……而且……"出现的复句肯定是递进句，等等，它们又是不同类型复句或不同复句格式的句类标记，王维贤等（1994）就曾经指出"复句的分类主要是形合句的分类，特别是关联词语的分类。""应该以关联词语所反映的逻辑语义关系为依据。"那么，关联标句词其实就是复句句类标记，其与句子本身的关系最为紧密，在线性顺序上与句子主体的关系也最为靠近。

八　关联标句词的分类

有关汉语关联标句词的分类，有多种分类方法：

首先，以是否成对使用为标准，可以分为单用关联标句词和框式关联标句词；

其次，以结构特征为标准，可以划分为同句框式关联标句词和异句框式关联标句词；

再次，以句法位置为标准，可以分为句首关联标句词（或前置关联标句词）和句尾关联标句词（或后置关联标句词）；

最后，以逻辑语义关系为标准，根据邢福义（2001）的汉语复句三分系统，可以将汉语关联标句词分为三种类型，即因果类关联标句词、并列类关联标句词和转折类关联标句词。

表五

	分类标准	所分类别
关联标句词的分类	是否成对使用	单用关联标句词
		框式关联标句词
	结构特征	同句框式关联标句词
		异句框式关联标句词
	句法位置	句首关联标句词
		句尾关联标句词
	逻辑语义关系	因果类关联标句词
		并列类关联标句词
		转折类关联标句词

九 关联标句词前有多个名词短语现象的话题化分析

（一）分裂标句词假说及相关现象（Split-CP Hypothesis）

Rizzi（1997）的分裂标句词假说（Split-CP Hypothesis），将传统意义上的标句词短语（Complementizer Phrase，CP）分析为由几个不同的功能中心语的投射，按照一定的层级顺序排列组合而成，如下图所示（引自Rizzi 1997）：

（67）

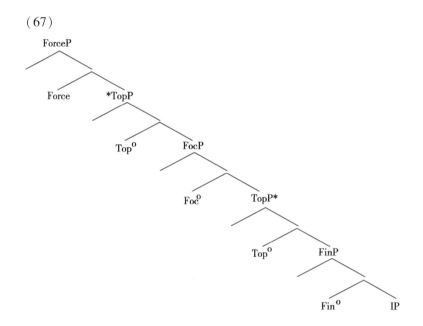

Rizzi（1997）将标句词短语 CP 分为语力短语（Force Phrase）、话题短语（Topic Phrase）、焦点短语（Focus Phrase）和有定短语（Finite Phrase）四个组成部分，其中话题短语和焦点短语是标句词短语 CP 分裂的直接原因，IP 之内的话题成分、焦点成分受标句词的边缘性特征影响和驱动而移位到 CP 中的合适位置。通过将标句词短语分为这四种相对独立的功能范畴短语，Rizzi 认为可以解释很多语言中标句词系统内不同成分的语序问题。Rizzi 的分裂标句词假说一经提出，得到了很多西方学者的推崇，但也不乏一些争议和批评。在此我们不打算深究分裂标句词假说的"功败得失"，但必须肯定的是，将一个单一的语法范畴具体切分为多个相对独立的功能范畴，的确能为一些语言现象提供相对直观的解释。

比如汉语话题结构，汉语语言学研究一般只是说用作话题的句子成分位于句首位置，但这一说法具有模糊性不具有足够的科学性，句首能够容纳的成分具有多样性，且句首到底是个什么句法位置，其与句中其他成分的关系如何等等问题在传统语言学研究中尚未得到明确的界定和解释。生成语法学的"制图理论"（Cartographic Approach）在经过了 Rizzi（1997）、Cinque（1999）相继发展之后，近年来逐渐得到了多位学者的关注和借鉴，如蔡维天（2007）、邓思颖（2010）等。

"特征核查理论要求含有话题的语素促使 IP 中话题成分移至话题短语的指示语位置上，与中心语形成（Spec-head）一致关系，来满足中心语的特征核查"（Haegeman 1994，转引自朱乐红、彭智勇 2009）。分裂标句词假说为汉语话题位置提供了句法依据，即 CP 分裂后构成的话题短语（TopicP）的指示语位置，从而能够为一些以传统的分析方法无法解释的语言现象提供相对合理的处理方式。

如下面的句子：

（68）他$_i$父亲害了小张$_{*i}$。

约束理论规定：照应成分在管制范围内必须受到约束；指代成分在管制范围内必须自由；指称成分在整个句子中都必须自由。但我们常常会在语言使用中发现一些约束理论无法解释的现象，如（68），根据约束理论，句中代词"他"和指称成分"小张"之间不具有成分同指关系，二者在理论上同指与否是自由的。但在实际语言运用中，"他"和"小张"不能同指。

针对类似这些约束理论无法解释的现象，学者们专门提出了一些原则或规则来处理①，在为这些与某些理论许可偏离的语言现象提供解释的同时，也同时不可避免地使得语言"规则"的队伍越来越庞杂。针对（68）中代词和指称语的指称问题，通过话题结构的分析就能为其提供合理的解释。

"他父亲害了小张"这句话中，"他"占据的位置不是主语 NP 中的

---

① Huang（1982）提出了循环成分统制（Cyclic-C-command）规则：即 A 循环成分统制（Cyclic-C-command）B，当 a. 当 A 成分统制（C-command）B，或者 b. 如果 C 是支配 A 但不被另一个 cyclic node 直接支配的最小 cyclic node 的话，那么 C 就成分统制 B。

领有位置，而是全句的话题位置，在话题位置上的"他"成分统制
（C-command）宾语"小张"，根据约束理论三原则中的 C 原则（规定
指称成分在整个句子中必须自由，不能受其他成分约束），因此"他"
和"小张"不能同指，这就合理地解释了具体语言运用中二者不能同
指的原因。

（二）分裂标句词假说在汉语复句研究中的应用

分裂标句词假说是否完美，还有待语言研究实践的进一步证实，但其
将一个单一的短语投射分解为多个不同性质的短语投射的有机结合的核心
理念，不可否认在一定程度上具有合理性和解释力，值得我们适度借鉴。
汉语复句中，关联词语前出现多个名词短语的现象也可以运用分裂标句词
假说进行分析。

关联标句词其实就是复句句类标记，其与句子本身的关系最为紧密，
在线性顺序上与句子主体的关系也最为靠近。在关联标句词所投射的短语
之上，还有其他一些与句子主体距离相对较远的功能投射，如话题短语投
射。汉语语言学的研究中，"话题"是一个热门的关注对象，不同理论背
景、不同流派的学者们都对汉语中的"话题"展开了大量的研究，但一
般主要涉及的都是单句中的"话题"，有关复句中"话题"现象的研究则
较少。

复句也是人们传情达意、进行交际的重要的句子类型，可以肯定的
是，复句中也存在话题。有关复句中的"话题"现象，我们可以借鉴
Rizzi（1997）的分裂标句词假说进行分析。

下面是（62c）—（62e）三个句子，重复如下：

（62）c. 明天他们如果来开会，那就给他们发奖金。
　　　 d. 他们明天如果来开会，那就给他们发奖金。
　　　 e. 明天如果他们来开会，那就给他们发奖金。

上述三个句子中关联词语前面或有多于一个名词短语，如（62c）和
（62d），或者是关联词语前的名词短语无法分析成句子的主语，如（62e）
中的"明天"。可以将这些相关的成分看成话题，在关联标句词所投射的
短语 CP 之上，投射出了一个更高一层的话题短语（Topic phrase, TopP），
话题成分位于话题短语的标志语位置［Spec, TopP］，具体见下面的树

形图：

（69）明天如果他们来开会，……

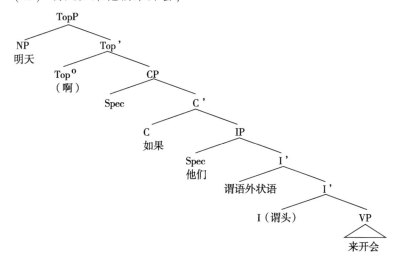

在关联标句词"如果"投射的短语之上，带有话题特征［+Topic］的成分"明天"出现在话题短语（TopP）的标志语位置（［Spec，TopP］），在话题中心语位置还可以出现汉语中典型的话题标记，如"啊"等。

（70）明天他们如果来开会，……

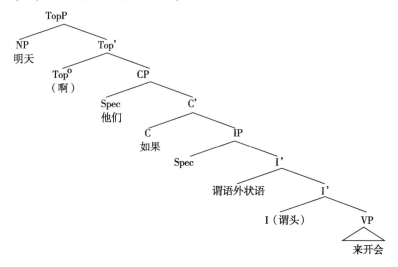

　　（69）和（70）两个分句的区别在于主语"他们"是在［Spec，CP］位置还是［Spec，IP］位置。

　　（71）他们明天如果来开会，……

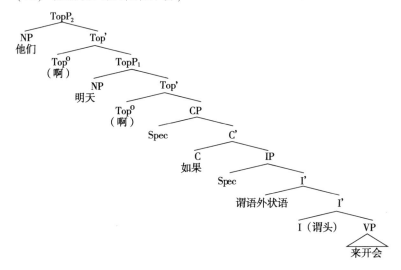

　　（71）是个双话题结构，句首的"他们"和"明天"都是句子的话题，在关联词"如果"所投射出的 CP 之外，存在两个话题结构 TopP₁ 和 TopP₂，"他们"和"明天"分别占据着两个话题结构的标志语位置。

第四节　多重复句的句法分析

　　以结构层次的多少为标准，复句可以划分为一重复句和多重复句，包含有两个或两个以上结构层次的复句是多重复句。句式的套叠会形成多重复句，在多重复句里，关联词语作为关系标志在不同结构层次上使用（邢福义 2001），分句之间按照分层联结的方式组合在一起（邢福义 1996）。
　　汉语复句是由关联标句词为中心语投射出的标句词短语 CP，汉语多重复句可以看作是递归 CP（Recursive Complementizer Phrase，Recursive CP）。句式在线性上的套叠实则是 CP 的递归造成的，而邢福义（2001）指出的不同结构层次上的关联词语则是不同标句词短语 CP 的中心语，它们在句法结构上并非位于同一层面，彼此的辖域也大不相同，甚至会形成包含与被包含的关系。

（72）

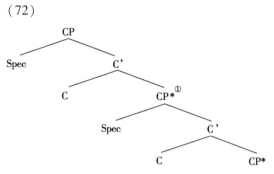

（73）因为我们是为人民服务的，所以，我们如果有缺点，就不怕别人批评指出。（毛泽东《为人民服务》，转引自邢福义 2001）

（73）中由标明因果关系的关联词语"因为……，所以……"和标明假设关系的"如果……就……"搭配起来，构成了一个二重复句，其中假设复句套叠在因果复句中的因果肢中：

（74）所以如果我们有缺点，……

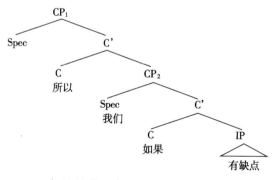

（75）禹*虽然*_由于_领导治理水患，取得了巨大成功，博得了人民的拥护，_但是_他也还经过了十七年的考验，才正式就职的。（北京大学 CCL 语料库）

---

①　此处的星号（"＊"）表示 CP 可以根据需要进行递归。

（76）

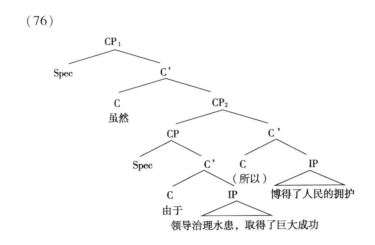

第五节 关联词语的句法位置与语言的语序类型

复句关联词语，包括关联标句词和关联副词等，其添加的位置只有三种可能性，就是对全句功能范畴敏感的三个句法位置，即句首、谓头和句尾。汉语方言及少数民族语言种类繁多，现象复杂，但综观其复句关联词语的使用，就句法位置来说，也仅仅涉及句首、谓头和句尾三个句子敏感位置。句首和句尾两个句法位置可以非常直观地判断出来，而谓头语法位置则相对较为复杂，在不同类型的语言中体现出了不同的特点。徐杰（2010b）详细论述了英语和汉语等 SVO 型语言中的谓头位置，在英语包含助动词的句子中，助动词即谓头位置，汉语中排除位于外状语之后位于最左侧的起头位置即谓头语法位置；而 SOV 型语言的主要谓语动词位于句尾位置，谓头位置和句尾位置在线性语序上是重合的。

（77）SOV 型语言中的谓头语法位置（李莹 2009）

一 中国少数民族语言中关联词语的句法位置

复句关联词语的句法位置只有三种可能性：句首、谓头和句尾。尽管中国少数民族语言类型众多，但总体来看，其句法位置也并未超出上述三个句子敏感位置。

（一）句首位置

优诺语（毛宗武、李云兵 2007：123）：

（78）ʑin³³ vi²² naŋ²² nɔ¹³ pje²² kwaŋ¹³ a⁵³,
　　　因为　　他们　房屋　塌　了

naŋ²² nɔ¹³ tsa⁵³ tɔ¹³ pou³³ pje²² ŋaŋ³³.
他们　　才　来我们　家　住

因为他们的房屋塌了，他们才来我们家住。

莽语（高永奇 2003：118）：

（79）na⁵¹ ma³¹ hɔ³⁵,　　mə³¹ lam³⁵ tɕaŋ⁵¹ θit⁵⁵.
　　　如果　下雨　　庄稼　会　死

如果一直下雨，庄稼会死的。

布赓语（李云兵 2005：224）：

（80）ʑin⁴⁴ wei²⁴ ptsei⁴⁴ nei⁴⁴ qhou⁴⁴ thai²⁴ nau⁵⁵,
　　　因　为　果　这　结　太　多

so̱³¹ zi̱³¹ kai⁴⁴ ko³¹ ko̱³¹ sɯ³¹ tɕo³¹ za³¹ qaŋ³¹ a⁴⁴.
所　以　有　些　枝　树　被　压　断　了

因为果子结得太多，所以有些树枝被压断了。

（二）句尾位置

上海话（刘丹青 2007：128—129）：

（81）a. 我欢喜看电影咾，也欢喜看打球（等立型并列句）

　　　b. 小明吃仔夜饭咾，出去孛相哉。（顺承型并列句）
　　　　"小明吃了晚饭，出去玩了。"

　　　c. 今朝人勿适意咾，我吆没去加班。（因果型偏正句）

"因为今天人不舒服，所以我没去加班。"

    d. 老王咾（,）老张侪是宁波人。（并列短语）

    "老王和老张都是宁波人。"

（82）a. 明朝勿落雨仔，阿拉就到公园里去。（钱乃荣 2003：
302—303）

    如果明天不下雨，我们就去公园。

    b. 侬来末，我俟侬。

    要是你来，我就等你。

    吴方言中的语气词常常具有连接分句的作用，可以看作是后置连词，如上海话中的"咾"，它可以用在多种复句中起连接作用，如并列复句、因果复句和假设复句等等。（刘丹青 2007、董秀英 2009）

宁夏固原话（黄伯荣 1996：543）

（83）我但不咧去赛，他们就来。

陕北晋语沿河方言府谷话（邢向东 2006）

（84）想睡起睡去罢。

想睡的话就去睡吧。

（85）你要再耍水动起，操心腿把子着。

你要再游泳的话，小心你的腿。

景颇语（戴庆厦、徐悉艰 1992：383—385）

（86）Ma¹No lai¹ka sha¹rin² grai¹ sha¹kut¹ ai ma¹jo¹,
    麻诺 书 学习 很 努力（句尾）因为
rot¹jat¹ grai¹ la¹wan ai.
提高 很 快 句尾
麻诺学习很努力，所以提高很快。

（87）Nang bung¹li¹ ga¹lo grai¹ sha¹kut¹ ai hta n²-ga²,
    你 活儿 做 很 努力（句尾词）不 仅
lai¹ka sha¹rin² mung¹ grai¹ ga¹ja n¹dai.
学 习 也 很 好（句尾）

你不仅劳动积极，学习也很好。

　　景颇语中有丰富的句尾词，用在句子末尾表示一定的语法意义（戴庆厦、徐悉艰 1992）。而标示复句逻辑语法关系的关联词语在景颇语中一般用在分句的句尾、句尾词之后。如（86）、（87）中，标明因果关系的"ma^1jo^1（因为）、$htan^2$-ga^2（不仅）"就位于句尾词"ai"之后。

（三）谓头位置

格曼语：

（88）$çau^{35}$ $tsaŋ^{55}$ ka^{31} $tsɯi^{35}$, $çau^{35}$ li^{35} kie^{53} ka^{31} $tsɯi^{35}$.
　　　　小　张　　认真，　　　小　李　更　认真
　　　　小张认真，小李更认真。（李大勤 2002：210）

（89）sa^{53} wai^{53} $bɯi^{35}$　xi^{55}　xu^{53}　na^{55}　la^{35}　$tçiŋ^{53}$,
　　　　儿子　　家　（助）来　（附）（附）只有
　　　　$ɯi^{53}$　$wʌn^{35}$ xi^{55} $tçiŋ^{53}$ $tshɯm^{53}$ $daŋ^{53}$　na^{55} tai^{53}.
　　　　她　　因此　才　心　安　（附）（附）
　　　　只有在儿子回家的时候，她才稍微安心一些。（李大勤 2002：212）

　　（88）是一个顺递复句，"更"用在后一分句的谓头位置，标明前后分句之间的递进关系。（89）是一个假设条件复句，关联词语"只有"出现在前一分句的句尾，由于格曼语属于 OV 型语言，因此谓头位置与句尾位置在线性顺序上是重合的。

羌语（黄布凡、周成发 2006：246）

（90）qupu ẓmeẓ dʐe ɤʐə metçʰi ɳi, ʂpeẓ la dʐe tça-ɤʐə.
　　　他　羌语　说　会　不　但，藏语　也　说　还会
　　　他不但会说羌语，还会说藏语。

　　羌语也是 SOV 型语言，上例中，"不但"在线性顺序上位于前一分句句尾的位置，也是前一分句的谓头位置。徐杰（2010b）指出汉语句子中的情态助动词是谓头位置的左侧界标之一。SOV 语言中的谓头位置则在

动词之后，那么在有情态动词出现时，谓头位置则相应地在情态动词之后。（90）中关联词语"不但（metɕʰi ni）"即位于情态动词"会（ɣʑə）"的后面，对前后两个分句起关联作用，并和后一分句中的"也（la）"搭配起来标明分句间的逻辑语义关系。

二　语序类型与关联标句词的优先位序

Greenberg（1966）研究认为，名词性主语、动词和宾语三者在陈述句中的相对语序有六种逻辑可能性即 SVO、SOV、VSO、VOS、OSV、OVS。其中 SVO、SOV、VSO 尤其前两种是较为常见的语序类型。不同的语言根据主动宾的相对语序相应地分成了不同的语言类型。这种语序类型与特定语言中其他多种语序类型都具有高度的一致性，其中就包括关联词语与其所引导的分句之间的语序问题。

从理论上说，SVO 型语言中，关联词语会较多地出现在句首位置，SOV 型语言中关联词语则主要位于句尾位置。但现实中的语言并非完全按照理论上的可能性发展，由于语言接触等多方面原因的影响，一些语言中常常会出现很多与其基本语序类型不符的语序现象。例如，汉语是典型的 SVO 型语言，而其关联词语在句中的线性位置涉及了全部三个句子敏感位置，但还是以句首关联词语为最多；吴语在朝着 SOV 型语言靠拢发展的道路上，也出现了与 OV 型语言和谐的语序特征，如上海方言中就有"末、是、咾、个闲话、仔"等五个表示假设关系的位于句尾的关联标记（刘丹青 2001）；而甘肃、青海等地的方言在藏语等 SOV 型语言的影响下，基本语序类型也逐渐朝着 SOV 型语言进行转变，其标示假设关系等的复句关联标记即位于句尾（董秀英 2009）。

就复句及关联词语来说，从整体上看，其与语言基本语序类型是一致的，而在语言接触等多种因素的影响下，出现了很多与该语言基本语序类型"背道而驰"的现象，但不管怎样变异，关联词语所能出现的可能的句法位置则总是句首、谓头和句尾三者之中，这是无法突破的。因为关联词语要实现其涉及全句的句法功能，必须要通过这三个对全句功能范畴敏感的句法位置来实现，而无其他句法位置具有类似的功能。

三　SOV 型中国少数民族语言关联词语的句法位置——以西摩洛语为例

SVO 型语言是我们较为熟悉的语言类型，下面我们把关注的目光集中在 SOV 型语言。根据董秀英（2009）对假设标记的类型学考察，发现假设标记的位置和小句语序之间关系密切，SVO 型语言以前置标记为主，而 SOV 型语言则倾向于使用后置标记，但汉藏语系藏缅语族的一些语言中，却有一些与 SOV 型语言的语序类型不一致的现象。下面我们就选取中国少数民族语言中的西摩洛语作为样例，考察西摩洛语言中关联词语的句法位置，以点带面，初步探究 SOV 型语言中关联词语的句法位置问题。

西摩洛语是汉藏语系藏缅语族彝语支哈尼语的一个支系语言，它的一些语法特点体现出了 SOV 型语言所具有的性质特征（戴庆厦等 2009）。

首先，西摩洛语中关联词语最主要的句法位置就是居于句尾，这与其所属语序类型是一致的，这主要是就前一分句中的关联词语来说的：

（91）a^{31} ʧv̠^{31} tɔ^{31} k v̠^{31} k v̠^{31} ji^{55} ti^{33} ŋɯ^{55}, ɯ^{55} le^{31} khv^{31} ji^{55}

　　背　弯　　（语助）即使 他 也　苦（语助）

ti^{33} mʌ^{31} Khv^{55} ji^{55}.

地 不 叫（语助）

即使累弯了腰，他也不叫苦。（戴庆厦等 2009）

（92）ʌ^{31} pʌ^{55} jo^{31} mo^{31} mo^{31} phʌ^{31} lʌ^{55} ti^{31} ŋɯ^{55},

　　爷爷　老　　起来了 虽然

mɯ^{55} ŋɯ^{55} o^{31} mo^{55} ɤ^{55} ŋ^{33} mɯ^{31}.

　　但是　　身体　很　好

爷爷虽然老了，但身体很好。（同上）

（93）tɔ^{33} mɔ^{33} nʌ^{31} xɯ^{31} ji^{55}, 　　mɯ^{55} kɯ^{33} mʌ^{31} ʧo^{31} lʌ^{55} ji^{55}.

　　大（语助）大（语助）　　但是　不　好吃（语助）

大倒是大，但不好吃。（同上）

从上例中可以发现，西摩洛语复句中，前一分句中的关联词语位于分句的句尾，但后一分句中的关联词语与普通话中一样，也是位于分句的句首位置，如"mɯ^{55} ŋɯ^{55}（但是）"等。

其次，西摩洛语由于属于 OV 型语言，其动词位于宾语之后，而有些关联词语比如用于假设复句和条件复句中的"（ji^{55}）thi^{33} ʌ^{31}（nʌ^{31}）（如果……的话、只要……的话，（就）……）"等可直接放在前一分句的动词之后，这个位置其实就是 OV 型语言的谓头位置，它与句尾语法位置在线性上是重合的。

（94）ɤ³¹ fv⁵⁵ fv⁵⁵ ji⁵⁵　　thi³³ ʌ³¹ nʌ³¹　　　mʌ³¹ ji⁵⁵　ʌ⁵⁵.
　　　　雨　下（语助）的话（语助）不　去（语助）
　　　　下雨的话，我不去咯。（戴庆厦等 2009）

（95）ti ɛ̃⁵⁵　ma³¹　ʧa³³ ji⁵⁵　　thi³³ ʌ³¹ nʌ³¹,
　　　　电　没　有（语助）的话（语助）
　　　　ŋʌ⁵⁵ v³³ ʧhv³³ ma³¹ khɻ³¹ pjʌ⁵⁵ ti ɛ̃⁵⁵ sɻ⁵⁵ mʌ³¹ nɯ⁵⁵ ti³¹
　　　　咱们　　　　　　晚上　　电视　不　　看
　　　　ʧh ɛ̃³¹ ʌ³¹ ni³³.
　　　　成（语助）
　　　　要是没有电，咱们晚上就看不了电视。（同上）

再次，在西摩洛语中又不乏一些关联词语在前一分句中位于句首的现象，这些现象与 OV 型语言的语序类型是不相符的，如"只要（ʧɻ³¹ jɔ⁵⁵）、愈发（ji³¹fʌ³³）、为了（ui⁵⁵lɯ³³）"等等（戴庆厦等 2009）：

（96）ʧɻ³¹ jɔ⁵⁵ ʒ ɛ̃⁵⁵ ʧ ɛ̃³³　ji⁵⁵ thi³³ ʌ³¹,　　mʌ³¹ pa³³ khɻ³¹ ji⁵⁵.
　　　　只要　认　真　（语助）的话，　　不　错 会（语助）
　　　　只要认真的话，就不会错。（戴庆厦等 2009）

（97）ʃv³¹ kɔ³¹ xɯ⁵⁵ thɯ³¹ ʃɯ⁵⁵ ʧɻ³¹ jɔ⁵⁵ thɯ³¹ la³¹ nɯ⁵⁵
　　　　书　　这　一　种　只要　一　下　看
　　　　ti³¹ ʧiu⁵⁵ sɻ³¹ ʧhv⁵⁵ lʌ⁵⁵ ji⁵⁵.
　　　　就　知道　（语助）
　　　　这种书只要一看就懂。（同上）

仔细考察之后我们发现，前一分句中位于句首的这些关联词语都是汉语借词，有趣的是，它们不仅借用了这些具体的连词，甚至还借用了这些连词的句法，即西摩洛语中前一分句中的关联词语原本是应该位于第一分句句尾的，但在使用这些借自汉语的连词时，一起借用了它们的句法特征，因此出现了类似汉语普通话复句前一分句中的关联词语位于句首的现象。这种表面上的"异常"现象其实是语言接触的产物。在其他少数民族语言以及方言中也有很多在语言接触影响下所产生的种种与该语言主体语序特征不相符的类似现象。

第六节 联系项原则与关联词语的相关句法问题

一 关联词语的句法位置与联系项原则

Dik（1997）在跨语言调查的基础上，指出人类语言中联系项（relator，包括连词、介词、从属小句引导词、修饰语标记等）的作用是将两个具有并列关系或从属关系的成分联结成一个更大的单位，并且标明成分之间的关系，而在人类语言若干语序原则中，联系项原则也是重要的组成部分。"联系项原则"指出联系项的优先位置位于所联系的成分之间，如果联系项位于其中某个成分上时，那么它就会出现在被联系成分的边缘位置（刘丹青 2007）。

尽管由于语言接触等原因的影响，少数民族语言中关联词语的语序并非完全符合理论上应该具有的语序特征，但在"违反"其本身所应具有的语序特征的同时，这些作为联系项的关联词语都在一定程度上遵守着"联系项原则"。

二 联系项原则与复句关联词语的单用

汉语复句关联词语中，有单用和合用两种情况。具体来说，主要有三种情况：一是有的关联词语只有单用形式，如"以致、以免"等等；二是有的关联词语只有合用形式，必须和其他关联词语搭配使用，如"与其说……不如说……，宁可……也不……"等等；三是有的关联词语既可以单用又可以合用。关联词语的这些复杂的使用现象得到了很多学者们的关注（黄伯荣、廖序东 1997，邢福义 2001，刘叔新 2002，张斌 2002，吴启主 2003，齐沪扬 2007 等）。目前学者们多是对关联词语的使用情况进行细致的描写，在描写的基础上，还需要对关联词语的使用规律给出理论上的解释。这里我们主要关注单用的关联词语和那些一般情况下合用的关联词语的单用使用规律以及如何用相关理论解释其规律。

首先，来看单用的关联词语。黄伯荣、廖序东（1997）按照复句类型列出了相应的关联词语，并且按照单用与合用进行了分类，我们将其中单用的关联词语集中列于下表：

表六

复句类型	单用关联词语
并列复句	也 又 同时 同样 另外 而 而是
顺承复句	就 又 再 于是 然后 后来 接着 跟着 既而 终于
选择复句	或者 或是 或 还是 还不如 倒不如
递进复句	而且 并且 况且 甚至 更 还 甚至于 更何况 尚且 何况 反而
转折复句	虽然 但是 但 然而 可是 可 却 只是 不过 倒
条件复句	便 就 才 要 不然
假设复句	那 那么 就 便 则 的话 也 还
因果复句	因为 由于 是因为 是由于 所以 因此 因而 以致 致使 从而 既然 既 就 可见
目的复句	以 以便 以求 用以 借以 好 好让 为的是 以免 免得 省得 以防

　　上表中共列出了 82 个单用关联词语，就其句法分布来说，其中只有 4 个是明确地要用在前一分句中的，即"虽然、因为、由于、既然"，"或者、或是、或"三个既可以用在前一分句又可以又在后一分句，而其余 75 个单用关联词语都要用在后一分句中，即 91% 的单用关联词语都必须出现在后一分句中。可见，单用关联词语的优势位置是位于后一分句。

　　其次，一般情况下成对合用的关联词语有时也可以单用其中一个，但能够单用的大多数都是其中的后项关联词语。许多学者们在对复句使用情况的描写中都注意到了相关现象。如刘叔新（2002：282—289）就曾经关注到多个类型的复句中关联词语在后一分句中单用的情况，他指出并列复句可以使用成对的关联词语或在后一分句中单独使用关联词语来标示分句间的并列关系，连贯复句一般不用或只在后一分句中单用关联词语，转折复句中的轻转句中常常在后一分句中单用关联词语，让步复句一般情况下要使用成对关联词语，有时可以在正句（后一分句）中单用关联词语。黄伯荣、廖序东（2002：161）也指出并列复句中关联词语或成对使用，或在后一分句单用。

　　总体来说，不管是单用关联词语还是成对关联词语中的单用，其在绝大多数情况下都是出现在后一分句中。

　　单用关联词语的这种使用规律是由汉语的语序类型与联系项原则所决

定的。一方面，某一语言中主动宾三者的相对语序类型与语言中其他语序类型具有高度的一致性，作为 SVO 型语言的汉语中，关联词语与其所引导的分句之间的语序也具有明显的倾向性，一般情况下要求关联词语位于分句句首；另一方面 Dik（1997）的联系项原则要求联系项要位于其所连接的成分中间。因此，位于后一分句中的单用关联词语才能同时满足上述两个要求，相比前一分句，它能够在此"中间位置"上更好地实现其连接功能，这就为单用关联词语的使用规律找到了合理的解释。

三　联系项原则与汉语复句内分句位序的倒置

在语用等因素的驱动下，有些类型的汉语复句，其内部的两个分句可以颠倒位序而不影响句子的成活。这主要涉及假设复句、条件复句、因果复句等被一些学者划归入偏正复句大类中的复句类型。

假设复句和条件复句中，表示假设和条件的分句一般情况下出现在结果分句之前，但为了补充说明或凸显，假设分句和条件分句也可以出现在结果分句之后（黄伯荣、廖序东 1997，邢福义 2001，刘丹青 2007）：

> （98）a. 如果你等我的话，我一定会回来的。
> 　　　b. 我一定会回来的，如果你等我的话。

另外，因果复句中原因小句和结果小句也可以互换位置，构成"由果溯因"的格局，目的就是对结果产生的原因进行补充说明（邢福义 2001）。

总体来说，这些所谓的偏正复句中，其一般的优先语序是偏句在前、正句在后，既可以使用成对的关联词语，也可以单用关联词语或不使用关联词语。但在语用因素的驱动下，偏句和正句的位序发生变化，构成正句在前、偏句在后的语序。位序倒置后的偏正复句，一个突出的特点就是，不能再使用成对的关联词语或不使用关联词语，而只能在此时作为后一分句的偏句里单用关联词语。（黄伯荣、廖序东 1997，吴启主 2003，齐沪扬 2007 等）

下面我们以因果小句为例：

> （99）a. 因为明天要下雨，所以我们不去上班了。

　　　　　　b. 明天要下雨，所以我们不去上班了。

　　　　　　c. 因为明天要下雨，我们不去上班了。

　　　　　　d. 明天要下雨，我们不去上班了。

　（100）a. ＊所以我们不去上班了，因为明天要下雨。

　　　　　　b. ＊所以我们不去上班了，明天要下雨。

　　　　　　c. 我们不去上班了，因为明天要下雨。

　　　　　　d. ? 我们不去上班了，明天要下雨。

　　（99）中四个句子分别使用成对关联词语、单用因标、单用果标和不使用关联词语，句子都可以成立。（100）中将原因小句和结果小句的位序进行倒置，将原因小句放置于结果小句之后，关联词语的使用情况和（99）中四个句子分别一致，然而，只有当后置的原因小句带上表示原因的关联标记"因为"的句子（100c）是合法的，另外依然成对使用因果关联词语、单用果标和不使用关联标记的句子都不成立。

　　因果复句的优势语序是原因小句居前、结果小句居后，这符合人们正常的逻辑顺序，因此即使不带有显性的关联标记，原因小句和结果小句之间潜在的因果关系也可以顺利地表达和理解。如果将结果小句置于原因小句之前，就生成过程来说，是原因小句的上移造成了分句位序的变化，这就违反了正常的逻辑顺序，就需要用显性的关联词语将小句间的逻辑语义关系标示出来，因此不带关联词语的 d 句是不合法的。

　　我们假设（100）中 a-c 是由（99）中 a-c 分别经过了原因小句的移位造成的。a 句和 b 句都是不合法的，因为它们在移位时违反了 Chomsky（1986）所提出的在理论上只有 X 和 XP 可以移位，X' 不能移位[1]。因此，原因小句在上移的时候，其关联标句词"所以"不能一起移走，只有其补足语 IP 能够前移。据此，（a）和（b）是不合法的。而当 IP 前移之后，关联标句词"所以"留在原位，但它可以删除，这主要基于两方面的因素。一是因为 IP 移位之后，原本位于前一分句句首的"因为"此时位居联系项的优先位置，即其所联结的两个成分之间，已经可以独立地担负起联结分句并标示逻辑语义关系的功能；二是 IP 移位前居于联系项优先位置的"所以"此时已经基本丧失了其地位及功能，根据语言经济

原则，理应删除。

（101）

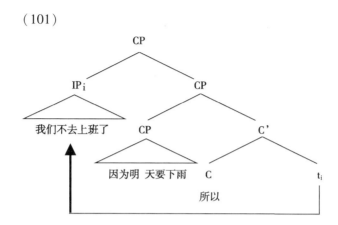

前文中我们提到，结果小句的上移是由于语用因素的驱动，即为了对结果小句进行进一步的补充说明，并且进行凸显，而结果小句的移位恰恰就能实现这种语义和语用上的凸显。因为结果小句的上移使得原因小句出现在了句子较为靠后的位置，而句尾是句子的自然焦点所在处，因而就使得原因小句所表达的内容得到了凸显和强调，也就顺利实现了目标语用效果。

另外，联系项原则在其他语言的复杂句中也起着重要作用。如英语中，当带有关联词语的分句位于主语之前时，连词就不在联系项之间的优先位置即不再出现在两个联系项中间，但此时语言中就会采用其他手段来弥补（刘丹青 2002）：

（102）a. I will go to the cinema with you，if you give me a ticket.

b. If you give me a ticket，I will go to the cinema with you.

c. If you give me a ticket，then I will go to the cinema with you.

（102a）是条件分句的常规位置，当带有关联词语"if"的分句前置到主句之前时，在主句中就可以加上另一个连词"then"从而更好地满足联系项原则，如（102c）。

参考文献

北京大学中文系：《现代汉语虚词例释》，商务印书馆 1996 年版。

北京大学中文系教研室：《现代汉语专题教程》，北京大学出版社 2003 年版。

蔡镜浩：《重谈语助词"看"的起源》，《中国语文》1990 年第 1 期。

蔡维天：《重温"为什么问怎么样，怎么样问为什么"——谈汉语疑问句和反身句中的内、外状语》，《中国语文》2007 年第 3 期。

曹逢甫：《华语虚字的研究与教学——以"呢"字为例》，载《第六届世界华语文教学研讨会论文集》（一），世界华文出版社 2000 年版。

曹逢甫：《汉语的句子与子句结构》（王静译），北京语言大学出版社 2004 年版。

曹茜蕾：《汉语方言的处置标记的类型》，《语言学论丛》第 36 辑。

陈士林等：《彝语简志》，民族出版社 1985 年版。

陈姿瑾：《国语"说"与闽语"讲"的用法》，《竹北学粹》2003 年第 10 期。

陈炯：《试论疑问形式子句作宾语》，《安徽大学学报》1984 年第 1 期。

陈炯：《再论疑问形式的子句作宾语》，《安徽教育学院学报（社会科学版）》1985 年第 1 期。

陈青松：《新化（田坪）话的一种间接疑问句及其标记词"看"》，《中国语文》2012 年第 2 期。

崔希亮：《事件情态和汉语的表态系统》，《语法研究与探索（十二）》，商务印书馆 2003 年版。

戴庆厦、徐悉艰：《景颇语语法》，中央民族学院出版社 1992 年版。

戴庆厦等：《西摩洛语研究》，民族出版社 2009 年版。

邓思颖：《汉语句类和语气的句法分析》，《汉语学报》2010 年第 1 期。

丁恒顺：《语气词的连用》，《语言教学与研究》1985 年第 3 期。

丁声树：《现代汉语语法讲话》，商务印书馆 1979 年版。

董秀芳：《"X 说"的词汇化》，《语言科学》2003 年第 2 期。

董秀英：《假设句的跨语言比较研究》，博士学位论文，华中师范大学，2009 年。

杜道流：《现代汉语感叹句研究》，安徽大学出版社 2005 年版。

范开泰：《语义分析说略》，《语法研究与探索（四）》，北京大学出版社 1988 年版。

方梅：《北京话里"说"的语法化——从言说动词到从句标记》，《中国方言学报》2006 年第 1 期。

冯爱珍：《福清方言研究》，社会科学文献出版社 1993 年版。

高明凯：《汉语语法论》，开明书店 1948 年版。

高松：《话题焦点敏感算子"可"和语气词"呢"的比较》，《哈尔滨学院学报》2009 年第 6 期。

高永奇：《莽语研究》，民族出版社 2003 年版。

谷峰：《从言说义动词到语气词——说上古汉语"云"的语法化》，《中国语文》2007 年第 3 期。

郭中平：《单句复句的界限问题》，《中国语文》1957 年第 4 期。

何容：《中国文法论》，商务印书馆 1942 年版。

何乐士：《〈左传〉的 ［主·"之"·谓］式》，《〈左传〉虚词研究》，商务印书馆 1989/2004 年版。

何元建：《"可"字型问句的反诘语气》，《汉语学习》1996 年第 4 期。

何元建：《生成语言学背景下的汉语语法及翻译研究》，北京大学出版社 2007 年版。

何元建：《现代汉语生成语法》，北京：北京大学出版社 2011 年版。

贺阳：《试论汉语书面语的语气系统》，《中国人民大学学报》1992 年第 5 期。

洪波：《周秦汉语"之 s"的可及性及相关问题》，《中国语文》2008 年第 4 期。

洪波：《周秦汉语"之 s"的可及性问题再研究》，《语言研究》2010年第 1 期。

胡附、文炼：《现代汉语语法探索》，东方书店 1955 年版。

胡明扬：《北京话的语气助词和叹词（上）》，《中国语文》1981 年第 5 期。

胡明扬：《北京话的语气助词和叹词（下）》，《中国语文》1981 年第 6 期。

胡旭辉：《汉语话题结构制约的认知语义与语用分析》，《外国语》2009 年第 1 期。

胡裕树：《现代汉语》（重订本），上海教育出版社 1995 年版。

黄正德：《汉语正反问句的模组语法》，《中国语文》1988 年第 4 期。

黄伯荣：《汉语方言语法类编》，青岛出版社 1996 年版。

黄伯荣、廖序东：《现代汉语》，高等教育出版社 1997/2002 年版。

黄布凡、周成发：《羌语研究》，四川人民出版社 2006 年版。

黄国营：《"吗"字用法初探》，《语言研究》1986 年第 2 期。

黄国营：《句末语气词的层次地位》，《语言研究》1994 年第 1 期。

江荻：《现代藏语致使动词句中宾语小句的边界识别》，《Journal of Chinese Language and Computing》2006，15（4）：185-192。

江荻：《藏语述说动词小句宾语及其标记》，《中文信息学报》2007 年第 4 期。

江蓝生：《疑问语气词"呢"的来源》，《语文研究》1986 年第 2 期。

江蓝生：《吴语助词"来""得来"溯源》，《中国语言学报》1995 年第 5 期。

金立鑫：《关于疑问句中的"呢"》，《语言教学与研究》1996 第 4 期。

金立鑫：《试论"了"的时体特征》，《语言教学与研究》1998 年第 1 期。

金立鑫：《词尾"了"的时体意义及其句法条件》，《世界汉语教学》2002 年第 2 期。

金立鑫：《"S 了"的时体意义及其句法条件》，《语言教学与研究》2003 年第 2 期。

劳宁：《语助词"看"的形成》，《中国语文》1962 年 6 月号。

黎锦熙：《新著国语文法》，商务印书馆 1924 年版。

李大勤：《格曼语研究》，民族出版社 2002 年版。

李临定：《现代汉语动词》，中国社会科学出版社 1990 年版。

李启群：《吉首方言研究》，民族出版社 2002 年版。

李讷、安珊笛、张伯江：《从话语角度论证语气词"的"》，《中国语文》1998 年第 2 期。

李荣等：《现代汉语方言大词典》，江苏教育出版社 2002 年版。

李如龙：《闽南话的几个虚字眼儿》，载汪国胜《汉语方言语法研究》，华中师范大学出版社 2007 年版。

李晟宇：《疑问语气词的连用》，《语文学刊》2005 年第 5 期。

李孝娴：《固始方言"可 VP"问句考察》，《信阳师范学院学报》2006 年第 6 期。

李莹：《"谓头"敏感位置与全句功能语法范畴的表达》，博士学位论文，华中师范大学，2009 年。

李云兵：《布赓语研究》，民族出版社 2005 年版。

梁敏、张均如：《侗台语概论》，中国社会科学出版社 1996 年版。

林宝卿：《普通话厦门方言常用词典》，厦门大学出版社 2007 年版。

林海权：《论用在主谓之间的"之"字》，《福州师专学报》2000 年第 2 期。

林华勇、马喆：《廉江方言言说义动词"讲"的语法化》，《中国语文》2007 年第 2 期。

林裕文：《偏正复句》，新知识出版社 1956 年版。

刘丹青：《苏州方言的发问词与"可 VP"句式》，《中国语文》1991 年第 1 期。

刘丹青：《汉语方言的语序类型比较》，载史有为《从语义信息到类型比较》，北京语言文化大学出版社 2001 年版。

刘丹青：《汉藏语言的若干语序类型学课题》，《民族语文》2002 年第 5 期。

刘丹青：《语序类型学与介词理论》，商务印书馆 2002 年版。

刘丹青：《汉语里的一个内容宾语标句词——从"说道"的"道"说起》，《庆祝〈中国语文〉创刊 50 周年学术论文集》，商务印书馆 2004 年版。

刘丹青：《语言调查与研究中的从属小句问题》，《当代语言学》2005年第 3 期。

刘丹青：《语法研究调查手册》，上海教育出版社 2007 年版。

刘鸿勇、顾阳：《凉山彝语的引语标记的示证标记》，《民族语文》2008 年第 2 期。

刘叔新：《现代汉语理论教程》，高等教育出版社 2002 年版。

刘永生：《从句子层面看领属性 "N1/P+的+N2" 结构中 "的" 字的隐现》，《修辞学习》2004 年第 6 期。

刘月华等：《实用现代汉语语法》，外语教学与研究出版社 1983 年版。

刘月华等：《实用现代汉语语法》，商务印书馆 2001 年版。

刘月华：《对话中 "说" "想" "看" 的一种特殊用法》，《中国语文》1986 年第 3 期。

鲁川：《语言的主观信息和汉语的情态标记》，《语法研究和探索（十二）》，商务印书馆 2003 年版。

陆俭明：《语助词 "看"》，《中国语文》1959 年 10 月号。

陆俭明、马真：《现代汉语虚词散论》，语文出版社 1999 年版。

吕冀平：《汉语语法基础》，商务印书馆 2000 年版。

吕明臣：《走出 "句类" 的误区》，《吉林师范学院学报》1999 年第 2 期。

吕叔湘：《汉语语法分析问题》，商务印书馆 1979 年版。

吕叔湘：《现代汉语八百词》，商务印书馆 1980 年版。

吕叔湘：《中国文法要略》，商务印书馆 1942/1948/1982 年版。

马凤如：《金乡方言志》，齐鲁书社 2000 年版。

马建忠：《马氏文通》，商务印书馆 1983 年版。

毛宗武、李云兵：《优诺语研究》，民族出版社 2007 年版。

倪大白：《侗台语概论》，中央民族学院出版社 1990 年版。

欧阳觉亚：《珞巴族语言简志》，民族出版社 1985 年版。

潘海华、韩景泉：《显性非宾格动词结构的句法研究》，《语言研究》2005 年第 3 期。

潘海华、韩景泉：《汉语保留宾语结构的句法生成机制》，《中国语文》2008 年第 6 期。

彭玉玲：《古汉语中"之"的使用方法》，《江西电力职工大学学报》2000 年第 1 期。

彭利贞：《现代汉语情态研究》，中国社会科学出版社 2007 年版。

齐沪扬：《语气词与语气系统》，安徽教育出版社 2002 年版。

齐沪扬、张谊生、陈昌来：《现代汉语虚词研究综述》，安徽教育出版社 2002 年版。

齐沪扬：《现代汉语》，商务印书馆 2007 年版。

钱奠香：《海南屯昌闽语语法研究》，云南大学出版社 2002 年版。

钱乃荣：《现代汉语》，江苏教育出版社 2001 年版。

钱乃荣：《北部吴语研究》，上海大学出版社 2003 年版。

屈承熹：《语用学与汉语教学——句尾虚字"呢"跟"嚜"的研究》，《中南民族学院学报》1986 年第 3 期。

屈承熹：《汉语篇章语法》（潘文国等译），北京语言大学出版社 2006 年版。

屈承熹、纪宗仁：《汉语认知功能语法》，黑龙江人民出版社 2005 年版。

任鹰：《"领属"与"存现"：从概念的关联到构式的关联——也从"王冕死了父亲"的生成方式说起》，《世界汉语教学》2009 年第 3 期。

容新：《普通话中助词"了"所表达的时间范围及时态》，《中国语言学论丛》第一辑，北京语言文化大学出版社 1997 年版。

邵敬敏：语气词"呢"在疑问句中的作用，《中国语文》1989 年第 3 期。

邵敬敏：《现代汉语疑问句研究》，华东师范大学出版社 1996 年版。

邵敬敏等：《汉语语法专题研究》，广西师范大学出版社 2003 年版。

邵敬敏等：《汉语方言疑问范畴比较研究》，暨南大学出版社 2010 年版。

沈家煊：《不对称和标记论》，江西教育出版社 1999 年版。

沈家煊：《类型学中的标记模式》，《外语教学与研究》1997 年第 1 期。

沈家煊：《现代汉语"动补结构"的类型学考察》，《世界汉语教学》2003 年第 3 期。

沈家煊、完权：《也谈"之字结构"和"之"字的功能》，《语言研究》2009 年第 2 期。

施其生：《汕头方言的反复问句》，《中国语文》1990 年第 3 期。

施其生：《方言论稿》，广东人民出版社 1996 年版。

石定栩、胡建华：《了₂的句法语义地位》，《语法研究与探索（十三）》，商务印书馆 2006 年版。

石毓智：《汉语语法》，商务印书馆 2010 年版。

石毓智、李讷：《汉语语法化的历程：形态句法发展的动因和机制》，北京大学出版社 2001 年版。

寿永明、朱邵秦：《领属关系主谓谓语句分析》，《浙江大学学报》2002 年第 3 期。

司富珍：《汉语的标句词"的"及相关的句法问题》，《语言教学与研究》2002 年第 2 期。

司富珍：《中心语理论和汉语的 DeP》，《当代语言学》2004 年第 1 期。

司富珍：《语言学研究中的科学方法》，《外国语》2006 年第 4 期。

司富珍：《影响句子可接受性的若干因素》，《汉语学习》2009 年第 2 期。

司富珍：《影响领属结构歧义解读的语义辖域因素》，《语言教学与研究》2009 年第 3 期。

随利芳：《语法标记"说"与"道"》，《解放军外国语学院学报》2007 年第 4 期。

孙汝建：《语气和口气研究》，中国文联出版社 1999 年版。

孙毓苹：《复合句和停顿——对胡附、文炼〈现代汉语语法探索〉的商榷之二》，《中国语文》1957 年第 1 期。

汤廷池：《国语疑问句研究》，《师大学报》1981 年第 26 期。

汤廷池：《国语疑问句研究续论》，《师大学报》1984 第 29 期。

汤廷池：《国语的"的"字句》，《国语语法研究论集》，学生书局 1985 年版。

汤廷池：《国语关系语句》，《国语语法研究论集》，学生书局 1985 年版。

汤廷池、汤志真：《华语情态词序论》，载世界华文教育协进会《第五届世界华语文教学研讨会论文集：语文分析组》，世界华文出版社 1997

年版。

汤廷池、汤志真、邱明丽：《闽南语的"动貌词"与"动相词"》，载余蔼芹、远藤光晓《桥本万太郎纪念中国语学论集》，内山书店 1997 年版。

汤廷池：《汉语的"限定子句"与"非限定子句"》，《语言暨语言学》2000 年第 1 期。

汤廷池：《汉语的情态副词：语意内涵与句法功能》，《中央研究院历史语言研究所集刊》2000 年第 1 期。

田泉：《问句中"吗"、"呢"功能的差别刍议》，《吉林师范大学学报（人文社会科学版）》1988 年第 2 期。

田源：《言说动词语法化类型的跨语言研究》，第五届现代汉语语法国际研讨会论文，2009 年 11 月。

田源：《汉语标句词及相关句法问题》，博士学位论文，华中师范大学，2011 年。

田源、徐杰：《上古汉语中用于取消句子独立性的"之"与标句词理论》，《语言科学》2016 年第 6 期。

田源、徐杰：《"V＋看＋S"的两个结构类型与间接疑问标句词"看"》，《语言研究》2017 年第 1 期。

田源、徐杰：《汉语方言中"可 VP"及相关问句的句法分析》，《华中学术》2017 年第 1 期。

汪如东：《海安方言的"可 VP"句式》，《淮海工学院学报》1994 年第 1 期。

王婵婵：《疑问小句作主宾语考察》，硕士学位论文，河南大学，2008 年。

王洪君：《汉语表自指的名词化标记"之"的消失》，《语言学论丛》（第 14 辑），商务印书馆 1987 年版。

王力：《中国现代语法》，商务印书馆 1943 年版。

王力：《汉语史稿》（中册），中华书局 1980 年版。

王明华：《能带小句宾语的动词》，《杭州大学学报》1989 年第 2 期。

王琴：《安徽阜阳方言的"可 VP"反复问句》，《方言》2008 年第 2 期。

王世华：《扬州话里两种反复问句共存》，《中国语文》1985 年第

6 期。

王维贤等：《现代汉语复句新解》，华东师范大学出版社 1994 年版。

魏培泉：《先秦主谓间的助词"之"的分布与演变》，《中研院历史语言研究所集刊》第七十一本第三分，2000 年。

温宾利：《当代句法学导论》，外语教学与研究出版社 2002 年版。

温锁林：《现代汉语语用平面研究》，北京图书出版社 2001 年版。

温锁林：《真谓宾动词带疑问句形式宾语的语气问题》，《语文研究》2004 年第 2 期。

文旭：《汉语双主语构式的认知语法观》，《外语教学》2008 年第 4 期。

吴福祥：《尝试态助词"看"的历史考察》，《语言研究》1995 年第 2 期。

吴福祥：《语法化的新视野——接触引发的语法化》，2008 年商务印书馆"中国语言学暑期高级讲习班"讲稿。

吴福祥：《南方方言几个状态补语标记的来源（一）》，《方言》2001 年第 4 期。

吴福祥：《南方方言几个状态补语标记的来源（二）》，《方言》2002 年第 1 期。

吴竞存、梁伯枢：《现代汉语句法结构与分析》，语文出版社 1992 年版。

吴启主：《现代汉语教程》，湖南师范大学出版社 2003 年版。

吴为章：《关于句子的功能分类》，《语言教学与研究》1994 年第 1 期。

吴振国：《关于反复问句和"可"问句的分合的理论方法问题》，《语言研究》1990 年第 2 期。

夏家骊：《论汉语标句词》，《湖北师范学院学报》1993 年第 1 期。

谢丰帆、司马翎：《生成语法理论和汉语语气词研究》，当代语言学理论和汉语研究国际学术报告会，2006 年。

心叔：《关于语助词"看"的形成》，《中国语文》1962 年 6 月号。

邢福义：《汉语语法学》，东北师范大学出版社 1996 年版。

邢福义：《小句中枢说的方言实证》，《方言》2000 年第 4 期。

邢福义：《小句中枢说的方言续证》，《语言研究》2001 年第 1 期。

邢福义：《说"句管控"》，《方言》2001 年第 2 期。

邢福义：《汉语复句研究》，商务印书馆 2001 年版。

邢向东：《论陕北晋语沿河方言的反复问句》，《汉语学报》2005 年第 2 期。

邢向东：《陕北晋语沿河方言愿望类虚拟语气的表达手段》，《语文研究》2005 年第 2 期。

邢向东：《陕北晋语沿河方言假设类虚拟语气的表达手段及其语法化过程》，《中国语言学报》第 12 期，商务印书馆 2006 年版。

邢向东：《论句子后部的隐含与句中虚词的语气词化》，中国语言学会第 13 届学术年会论文，北戴河，2006 年。

徐杰：《普遍语法原则与汉语语法现象》，北京大学出版社 2001 年版。

徐杰：《词汇手段、语法手段与语音手段在疑问句中的互补与互斥》，《汉语语言与计算学报》2003 年第 1 期。

徐杰：《句子的三个敏感位置与句子的疑问范畴——跨语言的类型比较》，载单周尧、陆镜光《语言文字学研究》，中国社会科学出版社 2005 年版。

徐杰：《句子的中心与助动词占据的谓头语法位置》，《汉语学报》2006 年第 3 期。

徐杰：《生成语法的"语类"与传统语法的"词类"比较研究》，《对外汉语研究》2007 年第 3 期。

徐杰 a：《句子语法功能的性质与范围》，《华中师范大学学报》2010 年第 2 期。

徐杰 b：《汉语"谓头"位置的特殊性及相关句法理论问题》，《汉语言文学研究》2010 年第 3 期。

徐杰、张媛媛：《汉语方言中"可 VP"问句的性质》，《汉语学报》2011 年第 2 期。

徐杰、田源：《"A 不 AB"与"AB 不 A"两种反复问句的统一处理及相关的句法问题》，《当代语言学》2013 年第 4 期。

徐晶凝：《语气助词"吧"的情态解释》，《北京大学学报》2003 年第 4 期。

徐晶凝：《现代汉语话语情态研究》，昆仑出版社 2008 年版。

徐烈炯：《生成语法理论：标准理论到最简方案》，上海教育出版社 2009 年版。

徐琳、赵衍荪：《白语简志》，民族出版社 1984 年版。

徐默凡：《汉语中从句位置的配置要求及其作用——兼与石毓智先生商榷》，《语言研究》2005 年第 3 期。

徐阳春：《现代汉语复句句式研究》，中国社会科学出版社 2002 年版。

许宝华、汤珍珠：《上海市区方言志》，上海教育出版社 1988 年版。

许宝华：《汉语方言大词典》，中华书局 1999 年版。

杨伯峻：《文言文法》，北京出版社 1956 年版。

杨树达：《词诠》，中华书局 1954 年版。

叶蓉：《关于非是非问句里的"呢"》，《中国语文》1994 年第 6 期。

尹世超：《关于主谓宾语》，《语法研究与探索（三）》，中国语文杂志社 1985 年。

游汝杰：《吴语里的反复问句》，《中国语文》1993 年第 2 期。

游文良：《畲族语言》，福建人民出版社 2002 年版。

詹伯慧：《广东粤方言概要》，暨南大学出版社 2002 年版。

张斌：《汉语语法学》，上海教育出版社 1998 年版。

张斌：《现代汉语短语》，华东师范大学出版社 2000 年版。

张斌：《新编现代汉语》，复旦大学出版社 2002 年版。

张成材：《西宁方言词典》，江苏教育出版社 1998 年版。

张拱贵：《关于复句的几点分析》，《语言教学与研究》1983 年第 1－2 期。

张敏：《汉语方言反复问句的类型学研究》，博士学位论文，北京大学，1990 年。

张薇：《南京方言中的反复问句》，《现代语文》2009 年第 11 期。

张孝荣：《汉语话题结构中的移位研究》，《安徽理工大学学报》2009 年第 2 期。

张世禄：《古汉语里的偏正化主谓结构》，《语文教学》1959 年第 11 期。

张世禄：《古代汉语》，上海教育出版社 1978 年版。

张谊生：《现代汉语虚词》，华东师范大学出版社 2000 年版。

张振兴：《漳平方言研究》，中国社会科学出版社 1992 年版。

赵金枝：《无为话中"可 VP"式问句的表意与表时态功能》，《语文学刊》2008 年第 4 期。

张磊：《汉英视觉动词语法化的认知研究》，博士学位论文，中央民族大学，2009 年。

赵元任：《汉语口语语法》，商务印书馆 1979 年版。

赵世举：《古汉语助词"之"概说》，《襄阳师专学报》1998 年第 1 期。

郑良伟：《台语与台湾华语里的子句结构标志"讲"与"看"》，载《台语、华语的结构及动向Ⅱ：台、华语的接触与同义语的动向》，台北市远流出版社 1997 年版。

郑贻青：《靖西壮语研究》，中国社会科学院民族研究所 1996 年版。

周长雨：《论句子的功能》，《求实》2006 年第 1 期。

周季文、谢后芳：《藏语拉萨话语法》，民族出版社 2003 年版。

朱德熙：《北京话、广州话、文水话和福州话里的"的"字》，《方言》1980 年第 3 期。

朱德熙：《语法讲义》，商务印书馆 1982 年版。

朱德熙：《汉语方言里的两种反复问句》，《中国语文》1985 年第 1 期。

朱德熙：《"V-neg-VO"与"VO-neg-V"两种反复问句在汉语方言里的分布》，《中国语文》1991 年第 1 期。

朱成器：《现代汉语语法教程》，对外经济贸易大学出版社 2002 年版。

朱景松：《动词重叠式的语法意义》，《中国语文》1998 年第 5 期。

朱乐红、彭智勇：《从话题结构看汉语"领主属宾句"的生成及其对翻译的启示》，《大连理工大学学报》2009 年第 4 期。

朱冠明：《"之"的衰落及其对句法的影响》，《语言科学》2015 年第 3 期。

Aboh Enoch, "Complementation in Saramaccan and Gungbe: The Case of C-Type Modal Particles", *Natural Language & Linguistic Theory*, *Vol.* 24, 2006, 1-55.

Alleton, "Final Particle and Expression of Modality in Modern Chinese",

Journal of Chinese Linguistics, 9, 1, 1981.

Aoun, Joseph, Homstein Norbert, Lightfoot David & Weinberg Amy, "Two types of locality", *Linguistic Inquiry*, 18 (4), 1987, 537-577.

Baker C. L. , "Notes on the Description of English Questions: the Role of an Abstract Question Morpheme", *Foundations of Language* 6, 1969, 197-219.

Bayer Josef, "Final Complementizers in Hybrid Languages", *Journal of Linguistics*, 35, 1999, 233-271.

Benincà Paola, "Complement Clitics in Medieval Romance: the Tobler-Mussafia Law", In A. Battye and I. Roberts (eds.) *Clause Structure and Language Change*, 1995, 325-344, New York/Oxford: Oxford University Press.

Benincà Paola, "The position of Topic and Focus in the left periphery", In G. Cinque and G. Salvi (eds.) *Current Studies in Italian Syntax*, Essays Offered to Lorenzo Renzi, 2001, 39-64, Amsterdam, Elsevier.

Benincà Paola and Cecilia Poletto, "Topic, Focus and V2: defining the CP sublayers", In L. Rizzi (ed.) *The Structure of CP and IP-The Cartography of Syntactic Structures*, Vol. 3, 2004, 52-75, New York/Oxford: Oxford University Press.

Bhatt Rajesh, *Covert Modality in Non - Finite Contexts*, University of Pennsylvania Ph. D. Thesis, 1999.

Bickerton Derek, *Roots of Language*, Ann Arbor: Karoma, 1981.

Biskup Petr, "Adjunction, Condition C, and the Background Adjunct Coreference Principle", In Donald Baumer, David Montero, and Michael Scanlon (eds.), *Proceedings of the 25th West Coast Conference on Formal Linguistics.* Somerville, MA: Cascadilla Proceedings Project, 2006, 96-104.

Borsley Robert D. , "Prepositional Complementizers in Welsh", *Journal of Linguistics*, Vol. 22, No. 1, Mar. 1986, 67-84.

Bowers J. , Adjectives and Adverbs in English, Reproduced by the Indiana University Linguistics Club, 1970.

Bresnan Joan W. , "On Complementizers: Toward a syntactic Theory of Complement Types", *Foundations of Language*, 6. 3, 1970, 97-321.

Bresnan Joan W. , Theory of Complementation in English Syntax,

PhD. Dissertation, MIT, 1972.

Bybee J. L. , Perkins R. , and Pagliuca W. , *The Evolution of Grammar Tense, Aspect, and Modality in the Languages of the World*, Chicago: The University of Chicago Press, 1994.

Bybee and S. Fleischman, *Modality in Grammar and Discourse*, Amsterdam: Benjamins, 1995.

Bybee Joan L. & Östen Dahl, "The creation of tense and aspect systems in the languages of the world", *Studies in Language*, 13. 1, 1989, 51–103.

Carstens Vicki, "Rethinking Complementizer Agreement: Agree with a Case-Checked Goal", *Linguistic Inquiry*, Vol 34 (3), 2003, 393–412.

Chao Yuen Ren, *A Grammar of Spoken Chinese*, Berkeley: University of California Press, 1968.

Chappell Hilary, "Variation in the Grammaticalization of Complementizers from Verba Dicendi in Sinitic Languages", *Linguistic Typology*, 12, 2008, 45–98.

Cheng Lisa L. – S, On the typology of wh – questions, Doctoral dissertation, MIT, 1991.

Cheng L. and C. –T. Huang, "Two Types of Donkey Sentences", *Natural Language Semantics* 4, 1996, 121–163.

Chomsky, Noam. 1957. *Syntactic Structures*. The Hague: Mouton.

Chomsky Noam, *Lectures on Government and Binding*, Dordrecht: Foris, 1981.

Chomsky Noam. *Some Concepts and Consequences of the Theory of Government and Binding*, Cambridge, Mass. : MIT Press, 1982.

Chomsky Noam, *Knowledge of language: Its nature, origin and use*, New York: Praeger, 1981.

Chomsky Noam, *Barriers*, Cambridge, Mass. : MIT Press, 1986.

Chomsky Noam, Some notes on economy of derivation and representation, In Robert Freidin (ed.) *Principles and Parameters in Comparative Grammar*, Cambridge, MA, and London: MIT Press, 1991, 417–454.

Chomsky Noam, *The Minimalist Program*, Cambridge, MA: MIT Press, 1995.

Chomsky Noam, *Reflections on Language*, reprinted in On Language: Chomsky's Classic Works "Language and Responsibility" and "Reflections on Language" in One Volume, New York: The New Press, 1998.

Chomsky Noam, *New Horizons in the Study of Language and Mind*, Cambridge: CUP, 2000.

Cinque Guglielmo, *Adverbs and Functional Heads: A Cross - Linguistic Perspective*, New York/Oxford: Oxford University Press, 1999.

D'Alessandro R. & A. Ledgeway, "At the C-T boundary: Investigating Abruzzese complementation", *Lingua*, 120-8, 2010, 2040-2060.

Dam L. & Dam-Jensen H., "Mood in complementizer phrases in Spanish: How to assess the semantics of mood", *Pragmatics & Cognition*, 18, 1, 2010.

De Boel G., "Towards a Theory of the Meaning of Complementizers in Classical Attic". *Lingua*, 52, 1980, 285-304.

Demonte Violeta and Olga Fernández-Soriano, "Force and finiteness in the Spanish complementizer system", *Probus*, 21, 2009, 23-49.

Dik Simon C., "The Theory of Functional Grammar", *Part 2: Complex and Derived Constructions* (Hengeveld Kees eds.), Berlin: Mouton de Gruyter, 1997.

Dixon R. M. W., "Complement clauses", Chapter 7 in *A new approach to English grammar, on semantic principles*, Oxford: Clarendon Press, 1991.

Emonds, Joseph E. 1985. *A Unified Theory of Syntactic Categories*. Dordrecht: Foris.

Fillmore, Charles J. 1968. The Case for Case. In Bach and Harms (Ed.): *Universals in Linguistic Theory*: 1-88. New York: Holt, Rinehart, and Winston.

Frajzyngier, Zygmunt 1991. The de dicfo domain in language. In Elizabeth Closs Traugott and Bemd Heine (eds.): *Approaches to grammaticalization*, vol. 1, 219-251. Amsterdam: Benjamins.

Frajzyngier, Zygmunt 1995. Functional theory of complementizers. In Joan Bybee and Suzanne Fleischman (Ed.) *Modality in Grammar and Discourse*. Amsterdam & Philadelphia: John Benjamins.

Frajzyngier, Zygmunt 1996. *Grammaticalization of the Complex Sentence*: *A case study in Chadic*. Amsterdam & Philadelphia: Benjamins.

Gasde, Horst-Dieter& Paul, Waltraud 1996. Functional categorjes, topic prominence, and complex sentences in Mandarin Chinese, *Linguistics* 34 (1996): 263-294.

Givón, Talmy 1990. Syntax: *A Functional Typological Introduction*. Vol. 2. Amsterdam: Benjamins.

Greenberg, J. H. 1966. Some universals of grammar with particular reference to the order of meaningful elements. In J. H. Greenberg (Ed.) *Universal of Language* (second edition), 73 - 113. Cambridge, Mass: MIT Press. 中译文 "某些主要跟语序有关的语法普遍现象" （陆丙甫、陆志极译）《国外语言学》1984 （2）: 45-60.

Güldemann, Tom 2001. *Quotative constructions in African languages*: *a synchronic and diachronic survey*. Leipzig: Universität Leipzig, Institut für Afrikanistik habilitation thesis.

Haegeman, Liliane 1994. *Introduction to Government and Binding Theory*. Oxford: Basil Blackwell.

Hagegman, L. 1997a. Introduction: on the interaction of theory and description in syntax. *The New Comparative Syntax*, ed. by L. Hagegman, 1 - 32. London: Longman.

Hagegman, L. 1997b. Elements of grammar. *Elements of Grammar*: *Handbook of Generative Grammar*, ed. by L. Hagegman, 1-72. Dordrecht: Kluwer.

Haegeman, Liliane and Jacqueline Gueron 1999. *English Grammar*: *A Generative Perspective*. Oxford: Blackwell Publishers Ltd.

Halliday, M. A. K. 1994. *An Introduction to Functional Grammar*. 2nd edition. London: Edward Arnold.

Heine, Bernd, Ulrike Claudi, and Friederike Hünnemeyer 1991. *Grammaticalization*: *A Conceptual Framework*. Chicago: The University of Chicago Press.

Heine, Bernd and Tania Kuteva 2002. *World Lexicon of Grammaticalization*. Cambridge: The University of Cambridge Press.

Hiraiwa, Ken 2000. On Nominative - Genitive Conversion. A Few From

Building E-39. MIT Working Papers in Linguistics 39: 66-123. Ora Matushansky and Elena Guerzoni (eds.). Cambridge, MA.: MITWPL.

Hiraiwa, Ken 2002. Nominative-Genitive Conversion Revisited. *Japanese/Korean Linguistics* 10: 546-559. Stanford: CSLI/The University of Chicago Press.

Hock, Hans Heinrich 1982. The Sanskrit quotative: A historical and comparative study. *Studies in the Linguistic Sciences* 12: 37-96.

Hopper, Paul J. and Elizabeth Closs Traugott. 1993. *Grammaticalization*. Cambridge, England: Cambridge University Press.

Horie, Kaoru 2001. Complement clauses. In Martin Haspelmath et al (eds.) 2001: 979-993.

Huang, C.-T. James 1982. Logical Relations in Chinese and the Theory of Grammar. Doctoral Dissertation, MIT, Cambridge, Massachusetts.

Huang, C.-T. James 1983. On the representation of scope in Chinese. *Journal of Chinese Linguistics* 11 (1): 36-91.

Huang, C.-T. James 1984. On the distribution and reference of empty pronouns. *Linguistic Inquiry* 15 (4): 531-574.

Huang, C.-T. James 1987. Remarks on empty categories in Chinese. *Linguistics Inquiry* 18: 321-337.

Huang, C.-T. James 1993. Reconstruction and the Structure of VP: Some Theoretical Consequence. *Linguistic Inquiry* 24: 103-138.

Huang, C.-T. James, Li, Y.-H. Audrey, and Li Yafei 2009. *The Syntax of Chinese*. New York: Cambridge University Press.

Huang, Shuan-fan 2003. Doubts about complementation: a functionalist analysis. *Language and linguistics* 4 (2): 429-455.

Hudson, Richard 1995a. Does English really have case? *Journal of Linguistics* 31: 375-392.

Hudson, Richard 1995b. Competence without Comp? In Bas Aarts and Charles Meyer (eds.). *The Verb in Contemporary English*. Cambridge: Cambridge University Press: 40-53.

Hwang, Jya-Lin 1998. A comparative study on the grammaticalisation of saying verbs in Chinese. In Chaofen Sun (ed.), *Proceedings of the 10th North*

American Conference on Chinese Linguistics: 574-584. Stanford: Stanford University.

Joseph, B. 1981. Complementizers, Particles, and Finiteness in Greek and the Balkans. Folia Slavica. Volume 7, Number 3.

Kayne, Richard 1984. *Connectedness and Binary Branching* , Foris Publications, Dordrecht.

Kishimoto, Hideki 2006. On the Existence of Null Complementizers in Syntax. *Linguistic Inquiry* 37 (2): 339-345.

Koyama, Wataru 2001. Discussion note: How to do pragmatics with Japanese complementizers. *Journal of Pragmatics* 33 (2001): 317-321.

Krapova, Iliyana 2010. Bulgarian relative and factive clauses with an invariant complementizer. *Lingua* 120 (2010): 1240-1272.

Kuno, Susumu 1978. Japanese: a characteristic SOV language. In Winfred Lehmann (ed.) *Syntactic Typology.* University of Texas Press.

Langacker, Ronald Wayne 1991a. *Concept, Image, and Symbol: The Cognitive Basis of Grammar.* Berlin & New York: Mouton de Gruyter.

Langacker, Ronald Wayne 1991b . *Foundations of Cognitive Grammar, Volume II, Descriptive Application* . Stanford, California: Stanford University Press.

Larson, R. 1988. On the double object construction. *Linguistic Inquiry* 19: 335-391.

Li, Charles N & Sandra A. Thompson 1981. *Mandarin Chinese, A Functional Reference Grammar.* Berkeley and Los Angeles: University of California Press.

Li, Boya 2006. *Chinese Final Particles and the Syntax of the Periphery.* Utrecht: LOT.

Li, Y. - H. Audrey 1990. *Order and Constituency in Mandarin Chinese.* Dordrecht: Kluwer.

Li, Y. -H. Audrey 1992. Indefinite wh in Mandarin Chinese. *Journal of East Asian Linguistics* 1: 125-155.

Lin, William C. J. 1984. What does the Mandarin particle Ne communicate?. *Cahiers de Linguistique-Asie Orientale* 13 (2): 217-240.

Lin，Jonah 2005. Syntactic Structures of Complex Sentences in Mandarin Chinese. *Nanzan Linguistics* 2：Research Results and Activities.

Lord，Carol 1976. Evidence for syntactic reanalysis：From verb to complementizer in Kwa. In S. Steever，Carol Walker & S. Mufwene（eds.），Papers from the parasession on diachronic syntax：179 – 191. Chicago：Chicago Linguistic Society.

Lord，Carol 1993. Historical change in serial verb constructions. *Typological Studies in Language* 26. Amsterdam：John Benjamins.

Lyons，John 1977. *Semantics*. London：Cambridge University Press.

Lyons，John 1995. *Linguistics Semantics：an Introduction*. Cambridge：Cambridge University Press.

Maki，Hideki，Lizanne Kaiser and Masao Ochi 1999. Embedded Topicalization in English and Japanese. *Lingua* 107：1–14.

Malmqvist，N. G. D. 1986. On the modalities of obligation and epistemic necessity in the Xiyouji（西游记）. Paper presented at the 2nd International Conference on Sinology. Taipei：Institute of History and Philology，Academia Sinica.

Mascarenhas，Salvador 2007. Complementizer doubling in European Portuguese Unpublished manuscript. Amsterdam：ILLC. http：//homepages. nyu. edu/~sdm330/docs/mascarenhas_ cdoubling. pdf

McConvell，Patrick 2006. Grammaticalization of Demonstratives as Subordinate Complementizers Ngumpin – Yapa. *Australian Journal of Linguistics*. Vol. 26，No. 1，April 2006：107–137.

Moro，A. 2000. *Dynamic Antisymmetry*. MIT Press，Cambridge，Mass.

Munakata，T. 2006. Phase to Phase：Complementizer – to as a Bridge. Paper presented at FAJL4，Osaka University.

Noonan，Michael 1985. Complementation. In Timothy Shopen（ed.）*Language Typology and syntactic description* 2：42 – 140. Complex constructions. Cambridge：Cambridge University Press.

Ouhalla，Jamal 1991. *Functional Categories and Parametric Variation*. London and New York：Routledge.

Ouhalla，Jamal 1993. Negation，focus and tense：the Arabic maa and laa. Unpublished manuscript. Queen Mary and Westfield College.

Pak, M. 2006. Jussive Clauses and Agreement of Sentence Final Particles in Korean. Vance, Tim and J. Kim (eds.) *Japanese/Korean Conference* 14: 295–306.

Palmer, F. R. 1986. *Mood and Modality*. Cambridge: Cambridge University Press.

Palmer, F. R. 2001. *Mood and Modality*. 2nd Edition. Cambridge: Cambridge University Press.

Pan, Haihua and Peppina Lee 2004. Mandarin Sentence Final – le Is an Assertion Operator. Paper presented at the 12th Conference of the International Association of Chinese Linguistics.

Paoli, Sandra 2007. The fine structure of the left periphery: COMPs and subjects, evidence from Romance. *Lingua* 117: 1057–1079.

Plag, Ingo 1992. From speech act verb to conjunction: the grammaticalization of taki inSranan. *Journal of Pidgin and Creole Languages* 7 (1). 55–73.

Pollock, J. – Y. 1989. Verb movement, universal grammar and the structure of IP. *Linguistic Inquiry* 20: 365–424.

Radford, A. 1997a. *The Structure of English: A Minimalist Approach*. Cambridge: CUP.

Radford, A. 1997b. *Syntax: A Minimalist Introduction*. Cambridge: CUP.

Ransom, Evelyn N. 1986. *Complementation: Its Meaning and Forms*. Amsterdam: John Benjamins.

Rizzi, Luigi 1982. *Issues in Italian Syntax*. Foris Publications, Dordrecht.

Rizzi, Luigi 1990. *Relativized Minimality*. Cambridge, MA: MIT Press.

Rizzi, Luigi 1997. The fine structure of the left periphery. In L. Haegeman (ed.) *Elements of Grammar*: 281 – 337. Dordrecht, Kluwer Academic Publishers.

Rosenbaum, P. 1967. *The Grammar of English Predicate Complement Constructions*. Cambridge, Mass.: MIT press.

Roussou, Anna 2010. Selecting Complementizers. *Lingua* 120 (2010): 582–603.

Saxena, Anju 1988. The case of the verb 'say'. *Tibeto-Burman Proceedings of the Berkeley Linguistics Society* 14: 375-388.

Saito, Mamoru 1987. Three Notes on Syntactic Movement in Japanese. In Takashi Imai and Mamoru Saito (eds.) *Issues in Japanese Linguistics*: 301-350. Dortrecht: Foris.

Shie, Chi-Chiang（解志强）1991. A Discourse-Functional Analysis of Mandarin Sentence-Final Particles. M. A. Thesis. Taipei: National Chengchi University.

Simpson, Andrew and Wu Zoe 2002. IP-raising, Tone Sandhi and the creation of S-final particles: Evidence for cyclic spell-out. *Journal of East Asian Linguistics* 11: 67-99. Kluwer Academic Publishers. Netherlands.

Su, Lily I-wen 2004. Subjectification and the Use of the Complementizer SHUO. *Concentric: Studies in Linguistics* 30. 1 (June 2004): 19-40.

Suzuki, Satoko 2000. Japanese complementizers: Interactions between basic characteristics and contextual factors. *Journal of Pragmatics* 32 (2000): 1585-1621.

Suzuki, Satoko 2005. Complexity of complementizer choice in Japanese: Reply to Ono. *Journal of Pragmatics* 37 (2005): 2004-2023.

Sybesma, Rint 1996. Overt wh-movement in Chinese and the structure of CP. Paper presented at ICCL5, Hsin-chu, Taiwan. [Published in 1999: H. S. Wang, F. F. Tsai, and C. F. Lien (eds.) Selected papers from the Fifth International Conference of Chinese Linguistics: 279-299. Taipei: The Crane Publishing Co.]

Tang, Chih-Chen Jane 1990. Chinese Phrase Structure and the Extended X'-theory. Ph. D. Dissertation. Cornell University.

Tang, Chih-Chen Jane 2001. Functional Projections and Adverbial Expressions in Chinese. *Language and Linguistics* 2: 203-241.

Taylor, H. L. 2009. The Complementizer "the". In Ronald Philip Leow, Héctor Campos, Donna Lardiere (eds.) *Little words: their history, phonology, syntax, semantics, pragmatics, and Acquisition*: 87-98. Gorgetown University Press.

Thompson, Sandra A. and Anthony Mulac 1991. The discourse conditions for the use of the complementizer that in conversational English. *Journal of Pragmatics* 15 （1991）: 237-251.

Tiee, Henry Hung-Yeh 1985. Modality in Chinese. In Nam-Kil Kim and Henry Hung-Yeh Tiee （eds. ） *Studies in East Asian Linguistics*: 84-96. Los Angeles: Department of East Asian Languages and Cultures, University of Southern California.

Tsai, Wei-tian Dylan 1995. Visibility, complement selection and the Case requirement of CP. *Journal of East Asian Linguistics* 4 （3）: 281-312.

Tsang, Chui Lim 1981. A Semantic Study of Modal Auxiliary Verbs in Chinese. Doctoral Dissertation: Stanford University.

Tsukida, Naomi 2009. Complementizer ka in Seediq. 11th International Conference on Austronesian Linguistics （22 - 25 June 2009）, Aussois, France.

Wang, Yu-Fang, Aya Katz, and Chi-Hua Chen 2003. Thinking as saying—shuo （'say'） in Taiwan Mandarin conversation and bbs talk. *Language Sciences* 25: 457-88.

Watanabe, Akira 1994. A Cross-Linguistic Perspective on Japanese Nominative-Genitive Conversion and Its Implications for Japanese Syntax. In Masaru Nakamura （ed. ） *Current topics in English and Japanese*: 341 - 369. Tokyo: Hitsuji Shobo.

Watanabe, Akira 2000. Feature copying and binding. *Syntax* 3: 159-181.

Wierzbicka, A. 1988. *The Semantics of Grammar*. John Benjamins, Amsterdam.

Willis, David 2007. Specifier-to-Head Reanalyses in the Complementizer Domain: Evidence from Welsh. *Transactions of the Philological Society* Volume 105: 3 （2007）: 432-480.

Willson, Heather 2002. The Marshallese Ccomplementizer Phrase. Master, Thesis. Arizona State University.

Wu, Xiu - Zhi. Zoe 2000. Grammaticalization and the Development of Functional Categories in Chinese. Partial Fulfillment of the Requirements for the Degree Doctor of Philosophy. University of Southern California.

Xu, Hui-Ling and Stephen Matthews 2005. 'Seeing' complementizers in

Southern Min: Parallel grammaticalization of 'say' and 'see' in Chaozhou and Taiwanese. Paper presented at the 38th International Conference on Sino-Tibetan Languages. Xiamen: Xiamen University.

Xu, Huiling & Stephen Matthews 2007. From verb to complementizer: the grammaticalization process for the verbs 'say' and 'see' in the Chaozhou dialect and Taiwanese Southern Min. *Studies in Chinese Linguistics*, 23: 61–72.

Yeung, Ka-Wai 2003. Universal vs. language-specific properties of grammaticalized complementizers——two case studies in multi-functionality. University of Hong Kong M. Phil. Thesis.

Yeung, Ka-Wai 2006. On the Status of the Complementizer WAA6 in Cantonese. *Taiwan Journal of Linguistics* Vol. 4. 1: 1–48.

Yue, Anne O（余霭芹）1998. Zhi 之 in pre-Qin Chinese. *T'oung Pao* 84: 239–292.

Zubizarreta, Maria Luisa 1998. *Prosody, Focus, and Word Order*. Cambridge: MIT Press.